나만의 유튜브 영상, 스마트폰 하나면 충분해!

스마트폰으로 시작하는
유튜브 ▶
크리에이터

에이럭스 교육연구소(김정훈, 이준호, 유선희) 지음

YoungJin.com Y.
영진닷컴

나만의 유튜브 영상, 스마트폰 하나면 충분해!

스마트폰으로 시작하는
유튜브 ▶
크리에이터

ISBN 978-89-314-7768-9

독자님의 의견을 받습니다

이 책을 구입한 독자님은 영진닷컴의 가장 중요한 비평가이자 조언가입니다. 저희 책의 장점과 문제점이 무엇인지, 어떤 책이 출판되기를 바라는지, 책을 더욱 알차게 꾸밀 수 있는 아이디어가 있으면 이메일, 또는 우편으로 연락주시기 바랍니다. 의견을 주실 때에는 책 제목 및 독자님의 성함과 연락처(전화번호나 이메일)를 꼭 남겨 주시기 바랍니다. 독자님의 의견에 대해 바로 답변을 드리고, 또 독자님의 의견을 다음 책에 충분히 반영하도록 늘 노력하겠습니다.

파본이나 잘못된 도서는 구입처에서 교환 및 환불해드립니다.

이메일 : support@youngjin.com

주 소 : (우)08512 서울특별시 금천구 디지털로9길 32 갑을그레이트밸리 B동 1001호

STAFF

저자 에이럭스 교육연구소(김정훈, 이준호, 유선희) | **총괄** 김태경 | **진행** 박소정 | **디자인·편집** 김소연

영업 박준용, 임용수, 김도현, 이윤철 | **마케팅** 이승희, 김근주, 조민영, 김민지, 김진희, 이현아

제작 황장협 | **인쇄** 제이엠

"Follow your passion. It will lead you to your purpose."

- Oprah Winfrey -

당신의 열정을 따르세요. 그것이 당신을 당신의 목적지로 이끌 것입니다.

– 오프라 윈프리 –

안녕하세요, 유튜브의 꿈을 품고 있는 여러분.

여러분은 지금 한 가지 큰 꿈을 가지고 있습니다. 그것은 바로 유튜브 크리에이터가 되어 자신만의 콘텐츠로 전 세계 사람들과 소통하고 영향력을 발휘하며 자신을 표현하는 것입니다. 그러나 이 꿈을 실현하기 위해서는 단순히 카메라 앞에 서는 것 이상의 노력이 필요합니다. 성공적인 유튜브 크리에이터가 되기 위해서는 철저한 계획, 지속적인 학습, 끊임없는 창의성, 그리고 무엇보다도 열정이 필요합니다.

이 책을 통해 우리는 유튜브 세계를 더 깊이 이해하고 성공적인 채널을 구축하는 방법을 배울 것입니다. 여러분은 단순한 유튜버가 아니라 자신만의 독창적인 콘텐츠로 사람들에게 영감을 주는 크리에이터가 될 것입니다. 이 여정은 쉽지 않겠지만, 여러분의 노력과 열정은 그 어떤 어려움도 극복할 수 있는 힘이 될 것입니다.

유튜브는 무한한 가능성을 가진 플랫폼입니다. 하지만 그 가능성을 실현하기 위해서는 기본기를 탄탄히 다지고, 꾸준히 자신을 발전시켜야 합니다. 이 책은 여러분이 그 첫걸음을 내딛는 데 필요한 지식과 지혜를 제공할 것입니다.

1. 자신만의 콘텐츠 아이디어 발굴

여러분만의 독특한 콘텐츠 아이디어를 발굴해야 합니다. 이 과정에서는 자신의 관심사와 강점을 파악하고, 이를 어떻게 콘텐츠로 표현할지 고민해야 합니다. 독창적인 아이디어는 유튜브에서의 성공을 위한 첫 번째 열쇠입니다.

2. 채널 계획과 브랜딩

채널의 방향성을 정하고 브랜드 아이덴티티를 구축하세요. 로고, 채널 아트, 소개 영상 등을 통해 여러분의 채널이 어떤 콘텐츠를 제공할 것인지 명확하게 전달하는 것이 중요합니다. 시청자들이 여러분의 채널을 한눈에 알아볼 수 있도록 만드세요.

3. 장비와 기술 이해

촬영 장비와 편집 기술에 대한 기본적인 이해는 필수입니다. 비싼 장비가 아니더라도 스마트폰과 기본적인 편집 소프트웨어로도 훌륭한 콘텐츠를 만들 수 있습니다. 중요한 것은 장비의 활용 방법과 기술을 꾸준히 익히는 것입니다.

4. 콘텐츠 제작 및 업로드

이제 본격적으로 콘텐츠를 제작해 보세요. 주기적인 업로드 스케줄을 설정하고, 꾸준히 콘텐츠를 생산하는 것이 중요합니다. 처음에는 시행착오가 있을 수 있지만, 점차 경험이 쌓이면서 더욱 완성도 높은 콘텐츠를 만들 수 있을 것입니다.

5. 시청자와의 소통

댓글과 메시지를 통해 시청자들과 적극적으로 소통하세요. 피드백을 받아들여 콘텐츠를 개선하고, 시청자들과의 유대감을 형성하는 것이 중요합니다. 유튜브는 단방향 미디어가 아니라 쌍방향 소통의 장이라는 점을 기억하세요.

6. 분석과 성장

유튜브 애널리틱스를 활용해 자신의 콘텐츠가 어떻게 받아들여지고 있는지 분석하세요. 이를 바탕으로 콘텐츠 전략을 수정하고, 지속적으로 성장할 수 있는 방법을 모색하세요. 데이터에 기반한 전략적 접근이 성공의 열쇠입니다.

이제 여러분의 꿈을 현실로 만드는 여정을 시작해 보세요. 이 책과 함께라면 여러분의 유튜브 꿈은 더 이상 꿈이 아니라 실현 가능한 목표가 될 것입니다.

여러분의 성공을 기원하며,
에이럭스 교육연구소(김정훈, 이준호, 유선희)

이 책의 내용

00:00 / 00:00

차례 🔍

⏸ ⏭ 🔊 00:00 / 00:00

00:00 / 00:00

유튜브가 대세다

이번 단원에서는

❶ 유튜브와 유튜버에 대해 이해해요.

❷ 내가 좋아하는 콘텐츠를 간단히 분석해 봅니다.

❸ 좋은 콘텐츠에 대한 나만의 정의를 내려 봅니다.

2023년 한국인이 가장 많이 사용한 앱 리스트를 살펴보면, 한국인이 가장 많이 사용한 앱은 카카오톡(월 평균 4천7백99만 명)으로 조사되었고, 유튜브는 4천6백17만 명으로 카카오톡과 아주 근소한 차이로 2위를 차지했습니다. 그리고 잘파 세대(1020 세대)를 기준으로 조사한 결과에서도 카카오톡, 유튜브, 네이버, 인스타그램, 쿠팡 순으로 많이 사용하는 것으로 나타났습니다. (출처: 리테일 분석 서비스 와이즈앱·리테일·굿즈)

이외에도 한국인이 가장 오래 사용하는 앱을 조사한 결과, 1위는 '유튜브'로 월 평균 사용시간이 998억 분이었습니다. 그 뒤로 카카오톡 340억 분, 네이버 226억 분, 인스타그램 158억 분 등으로 조사되었으며, 이 중 유튜브는 작년 동기간 대비 월 평균 사용시간이 101억 분 증가하며 TOP10 중 압도적인 증가를 보여주었습니다.

01 유튜브가 사랑 받는 이유

유튜브를 쓰다 보면 꼭 내 마음을 들여다보는 것 같다는 생각이 들 때가 있습니다. 사용자의 행동을 분석해서 꼭 맞는 영상을 추천해주는 알고리즘 덕분이죠. 내가 좋아하는 영상들을 추천해 진열해 주니 눌러보지 않고 배길 재간이 없습니다. 클릭은 또 다른 클릭을 유도하고, 유튜브에 머무는 시간이 길어집니다.

양질의 콘텐츠가 지속해서 공급되는 기반을 만들어 둔 것도 유튜브가 사랑 받는 이유입니다. 유튜브는 영상을 서비스할 기반만 제공하고, 영상 콘텐츠는 사람들이 알아서 올립니다. 그렇다면 사람들이 자발적으로 영상 콘텐츠를 올릴 이유가 있어야 하는데, 바로 광고 수익이죠. 창작자는 일정 수준 이상의 조회수를 확보한 영상에 광고를 붙일 수 있고, 수익은 영상 콘텐츠를 만든 창작자에게 돌아갑니다.

광고 수익 덕분에 더 좋은 콘텐츠가 계속 만들어지고, 더 좋은 콘텐츠는 더 많은 사용자를 모으고, 더 많은 사용자는 더 많은 광고 수익을 만듭니다. 이런 선순환 구조가 유튜브가 계속 성장하는 밑거름이 됩니다.

그렇지만 유튜브가 처음부터 잘 나갔던 건 아닙니다.

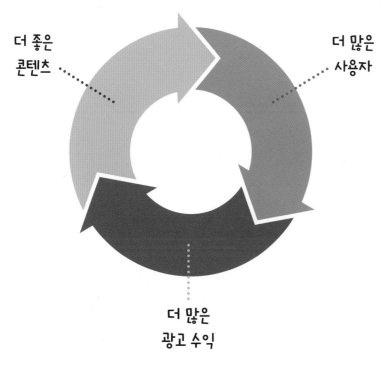

더 좋은
콘텐츠

더 많은
사용자

더 많은
광고 수익

유튜브는 콘텐츠, 사용자, 수익으로 이어지는 선순환 구조를 만들어 냈습니다.

02 '유튜버'가 등장하기까지

유튜브는 페이팔 직원이었던 채드 헐리, 스티브 첸, 자베드 카림이 설립해, 2005년 4월 23일 처음으로 서비스를 시작했습니다. 그로부터 약 1년 반 뒤인 2006년 10월에 구글이 유튜브를 인수합니다. 구글이 유튜브를 인수할 때, 업계에서는 사용자만 많고 수익이 없는 서비스는 결국 실패할 거라며 비웃었습니다.

영상 서비스를 하려면 돈이 많이 듭니다. 아주 빠른 컴퓨터가 많이 필요하기 때문입니다. 당시에는 일반인이 영상을 인터넷에 올리려면 서비스 회사에 돈을 내야 했습니다. 그런데 유튜브는 무료였죠. 사람들이 영상을 많이 올릴수록 비용은 계속 늘어납니다. 실제로 인수 후 4년 동안 유튜브는 5,000억 원이 넘는 어마어마한 적자를 기록했습니다.

그러나 사용자 수가 일정 수준을 넘어서자 그 효과는 눈덩이처럼 불어나기 시작했습니다. 처음에 저작권 문제로 유튜브와 소송을 벌였던 방송사, 영화사들이 입장을 바꿔서 유튜브에 영상을 자발적으로 올리기 시작했고, 많은 기업이 유튜브를 광고 채널로 활용하기 시작했습니다. 광고 수익이 늘어나자, 아예 유튜브를 직업으로 하는 사람들이 등장합니다. 바로 우리가 '유튜버'라고 부르는 사람들이죠.

2019년 유튜버는 초등학생들을 대상으로 한 장래 희망 순위에서 당당히 5위로 입성합니다. 2018년까지는 아예 순위 밖이었는데 말이죠. 그리고 2022년에도 당당히 4위에 랭크되어 있습니다. 유튜브가 이미 대세가 된 만큼, 이 장래 희망 순위도 상당 기간 유지하지 않을까요?!

< 학생의 희망 직업 - 상위 10개 >

(단위: %)

구분	초등학생		중학생		고등학생	
	직업명	비율	직업명	비율	직업명	비율
1	운동선수	13.4	교사	9.1	교사	6.3
2	의사	7.1	의사	6.1	간호사	5.9
3	교사	5.4	운동선수	5.5	생명과학자 및 연구원	3.7
4	창작자(크리에이터)	5.2	경찰관/수사관	3.8	컴퓨터공학자/소프트웨어개발자	3.6
5	요리사/조리사	4.2	컴퓨터공학자/소프트웨어개발자	2.6	의사	3.1
6	가수/성악가	3.6	군인	2.6	경찰관/수사관	2.8
7	경찰관/수사관	3.4	최고경영자(CEO)/경영자	2.6	뷰티디자이너	2.6
8	법률전문가	3.1	배우/모델	2.4	보건·의료분야 기술직	2.4
9	제과·제빵원	3.0	요리사/조리사	2.4	최고경영자(CEO)/경영자	2.4
10	만화가/웹툰작가	2.7	시각디자이너	2.3	건축가/건축공학자	2.3

출처 : 교육부

03 '개인 영상 서비스'의 의미

예전에는 사람들이 정보를 얻을 수 있는 수단이 매우 제한적이었습니다. TV, 라디오, 신문, 잡지와 같은 미디어가 전부였다고 해도 과언이 아니죠. 만약 사람들을 자기 맘대로 다스리고 싶은 독재자가 있다면 미디어만 장악하면 됩니다. 독재자에게 유리한 정보만 사람들에게 전달하면 마음껏 자기를 미화할 수 있고, 심지어 나쁜 일을 하고도 쉽게 숨길 수 있습니다.

정보를 얻을 수 있는 수단이 제한적인 상황은 미디어에게도 좋습니다. 기업들이 제품과 서비스를 광고할 곳이 미디어밖에 없기 때문이죠. 미디어는 광고를 실어주는 대가로 큰 비용을 요구할 수 있습니다. 기업들은 광고비가 비싸도 어쩔 수 없이 비용을 지불합니다.

그런데 인터넷의 발달로 이 같은 기존 체계가 많이 흔들리고 있습니다. 특히 페이스북, 유튜브 등과 같은 소셜 네트워크 서비스(SNS)가 발달하면서 누구나 개인 미디어를 갖게 됐습니다. 많은 구독자를 거느린 유튜버의 영향력은 웬만한 미디어 못지않습니다. '독재자들이 가장 무서워하는 것은 미사일이 아니라 인터넷'이라는 얘기가 괜히 나오는 게 아닙니다.

꼭 '유튜버'라는 이름이 아니더라도, '개인 영상 서비스'라는 직업은 미래에 주목받을 가능성이 높습니다. 우리는 점점 더 많은 콘텐츠를 생산하고, 소비하는 시대로 가고 있습니다. 영상 콘텐츠를 만드는 능력은 어쩌면 선택이 아니라 필수일지도 모릅니다.

04 콘텐츠 생산자의 무기, 스마트폰

유튜버는 결국 영상 콘텐츠를 만드는 사람입니다. 예전에는 영상 콘텐츠를 만들기가 매우 어려웠습니다. 영상을 촬영하려면 비싸고 무거운 카메라가 필요하고, 또 촬영한 영상을 편집하려면 성능이 뛰어난 컴퓨터가 있어야 했죠. 이 모든 걸 갖추려면 돈이 많이 드니, 일부 미디어에서만 영상을 만들었던 겁니다.

그런데 이를 획기적으로 바꾼 사건이 있었습니다. 바로 스마트폰의 등장입니다. 어디든 손쉽게 들고 다니며 인터넷에 접속할 수 있는 스마트폰의 영향력은 굳이 이야기할 필요가 없을 정도입니다. 게다가 스마트폰이 발달하면서 카메라 성능도 비약적으로 좋아졌고, 스마트폰에 최적화된 다양한 편집 도구도 등장했습니다.

초기에 스마트폰은 콘텐츠를 소비하기만 하고 생산하지는 못한다는 평가를 받았었습니다. 스마트폰으로 긴 글을 쓰거나, 도표를 만드는 등의 작업은 한계가 있었죠. 고성능 컴퓨터가 필요한 영상 편집은 말할 것도 없습니다. 그런데 그것도 이제 옛말이 됐습니다. 이제 스마트폰 하나만 있으면 영상을 찍고, 편집하고, 유튜브에 올릴 수 있습니다. 그것도 아주 쉽게 말이죠.

이 책의 나머지 부분에서 하나씩 알아보려고 합니다. 천천히 따라와 보세요.

다시 돌아가서, 콘텐츠

영상을 올릴 곳(유튜브)도 마련됐고, 동영상을 만들 도구(스마트폰)도 마련됐는데, 무엇이 더 필요할까요? 어쩌면 더 근본적일 수 있는 것만 남았습니다. 바로 '콘텐츠'입니다.

콘텐츠는 영어 'content'의 복수형입니다. 사전에서 content는 '(어떤 것의) 속에 든 내용물'이라는 뜻입니다. 무슨 뜻인지 알 것 같기도 하고, 모를 것 같기도 하죠? 책(종이)을 콘텐츠를 담는 그릇이라고 비유한다면 '소설, 시, 수필' 등의 글이 콘텐츠입니다. 이처럼 콘텐츠란 여러 가지 그릇에 담긴 내용물을 뜻합니다. 우리는 TV 자체를 즐기는 게 아니라 TV 안에 담긴 드라마, 예능, 스포츠, 뉴스 등을 즐깁니다. 우리가 즐기는 실체가 바로 콘텐츠인 겁니다.

유튜버가 되고 싶다면, 콘텐츠를 만들 줄 알아야 합니다. 이건 기술의 발달로 해결할 수 있는 문제가 아닙니다. 먼저 내가 좋아하는 콘텐츠가 뭔지, 내가 잘 만들 수 있는 콘텐츠가 뭔지, 어떤 콘텐츠가 좋은 콘텐츠인지 등을 스스로 질문해 봐야 합니다. 아직은 미숙하지만 이런 고민이 쌓여서 좋은 콘텐츠가 만들어지는 거니까요.

마이크로소프트(MS)의 설립자인 빌 게이츠는 1996년 한 에세이에서 '콘텐츠가 왕이다(Content is King).'라고 주장했습니다. 그는 인터넷의 미래가 콘텐츠 시장이 될 것이라 예상했습니다. 이후 '콘텐츠가 왕이다.'라는 표현은 콘텐츠의 중요성을 언급할 때 항상 언급하는 유명한 문구가 됐습니다. 빌 게이츠가 이렇게 주장한 지 20년이 더 지난 지금, 콘텐츠는 정말로 왕이 됐을까요?

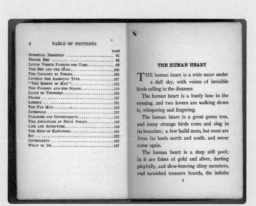

책(종이)이 그릇이라면, 여기에 쓰인 글이 콘텐츠입니다.

간단한 질문을 통해 몇 가지 생각해 볼까요?

06 나의 '최애' 콘텐츠는?

먼저 내가 좋아하는 콘텐츠가 뭔지 생각해 봅시다. 좋아해야 잘 만들 수 있습니다. 내가 지금까지 즐겼던 콘텐츠 중에서 가장 좋아하는 콘텐츠가 뭔지 생각해서 적어 보세요. 분야는 영상물로 한정합니다. 내가 봤던 영화, 드라마, 예능, 다큐멘터리, 뮤직비디오 또는, 유튜브 영상 중에서 가장 마음에 들었던 콘텐츠는 무엇인가요?(내가 가장 여러 번 반복해서 봤던 콘텐츠를 생각해 보세요!) 또 내가 그 콘텐츠를 좋아하는 이유가 뭘까 생각해서 적어보세요.

💬 내가 가장 좋아하는 콘텐츠는 무엇인가요?

나의 '최애' 콘텐츠	

💬 내용을 설명해 주세요.

💬 내가 좋아하는 이유

07 좋은 콘텐츠란?

두 번째로 좋은 콘텐츠가 뭔지 생각해 봅시다. 콘텐츠를 만드는 사람이라면 당연히 좋은 콘텐츠를 만들고 싶을 겁니다. 그럼 어떤 콘텐츠가 좋은 콘텐츠일까요? 사람마다 '좋다'는 말의 기준은 다를 수 있습니다. 어떤 사람은 재미있으면 좋다고 생각하고, 어떤 사람은 정보를 잘 전달해야 좋다고 생각합니다.

내가 만든 콘텐츠를 나 혼자 즐기는 것이 아니라 배포해서 다른 사람도 즐긴다고 생각하면 여러 사람의 평가가 '좋은 콘텐츠'의 기준이 될 수 있을 겁니다. 유튜브는 '조회 수, 좋아요, 공유' 등의 여러 가지 지표를 확인할 수 있는 장점이 있습니다.

아래 지표 중에서 '좋은 콘텐츠인가?'라는 질문에 대한 답이 될 수 있다고 생각하는 항목에 모두 표시하세요.

1. 조회 수가 많다	☐
2. '좋아요' 수가 많다	☐
3. '싫어요' 수가 적다	☐
4. 많이 공유됐다	☐
5. '나중에 볼 동영상'에 많이 저장됐다	☐
6. 댓글이 많다	☐
7. 댓글 중에서 호의적인 내용이 많다	☐
8. 채널 구독자 수가 많다	☐
9. 재미있다	☐
10. 정보가 도움이 된다	☐
11. 주장하는 내용이 설득력이 있다	☐
12. 영상미가 훌륭하다	☐
13. 스토리가 훌륭하다	☐
14. 다음번 영상이 기대된다	☐
15. 또 볼만한 가치가 있다	☐

위의 지표 중에서 1~8번은 유튜브 관리자 페이지에서 숫자로 확인할 수 있습니다. 반면에 9~15번은 숫자로 측정하기는 다소 어렵고, 설문조사 등을 통해서 간접적으로 확인할 수 있습니다. '좋은 콘텐츠란 무엇인가?'라는 질문은 앞으로 계속 스스로 물어봐야 할 중요한 질문입니다.

어떤 크리에이터가
되고 싶니?

이번 단원에서는

❶ 유튜브 크리에이터가 되기 위해 필요한 앱을 설치하고 둘러봐요.

❷ 유명 유튜브 채널을 보면서 내가 하고 싶은 주제를 정해요.

❸ 내 채널을 직접 만들어봐요.

유튜브 세상에는 많은 크리에이터가 활동하고 있습니다. 연예인만큼 유명한 크리에이터도 있고, 이 책을 읽는 여러분들처럼 이제 막 시작하는 크리에이터도 있습니다. 내 목표가 크리에이터라면 지금 이 일을 하는 사람들을 찾아 탐색하는 것이 첫걸음입니다.

01 필요한 앱 설치하기

먼저 스마트폰에 필요한 앱을 설치합시다. 아래의 네 가지 앱을 설치합니다. 이들 중 유튜브와 카메라는 이미 스마트폰에 설치돼 있을 가능성이 큽니다. 만약 없다면 Play 스토어(안드로이드폰) 또는 App Store(아이폰)에서 찾아 설치하세요. 검색 창에 앱의 이름을 검색하면 됩니다. 앱 설치가 어려우면 다른 사람의 도움을 받으세요.

App Store(⒜) 또는, Play 스토어(▶)에서 아래 앱을 찾아 설치하세요.

앱	설명
YouTube	유튜브 사이트를 스마트폰에서 즐기게 해주는 앱입니다. 검색 창에 단어를 입력해 원하는 영상을 찾아 시청할 수 있습니다. 또한 내 채널을 만들고, 영상을 업로드하고, 댓글을 다는 활동도 할 수 있습니다.
카메라	사진과 영상을 촬영할 수 있습니다. 스마트폰에 기본적으로 설치돼 있습니다.
키네마스터	영상 편집 앱. 영상 자르기, 영상 붙이기와 같은 편집 기능과 배경 음악, 효과음, 자막, 스티커 등 다양한 기능을 제공합니다. 무료 버전으로도 대부분의 기능을 사용할 수 있습니다.
YouTube Studio	최신 통계 데이터 확인, 미리 보기 이미지 업로드하기, 영상 업로드 예약하기 등 유튜브 앱에서 할 수 없는 다양한 채널 관리 기능을 제공합니다. 빠르고 쉽게 채널을 관리할 수 있게 돕는 유용한 앱입니다.

 유튜브 앱으로 내가 보고 싶은 영상 찾기

먼저 유튜브 앱을 실행해 봅시다. 유튜브 앱은 사용자의 행동을 알고리즘으로 분석해서 사용자가 좋아할 만한 영상을 메인 화면에 보여줍니다.

01 메인 화면에서 보이는 동영상을 보거나, 오른쪽 위에 있는 [돋보기] 아이콘을 터치하여 검색해도 됩니다.

02 [돋보기] 아이콘을 터치하면 아래와 같이 검색 창이 나타나고, 검색 창에 내가 보고 싶은 영상의 단어 또는, 크리에이터의 이름을 입력하면 됩니다.

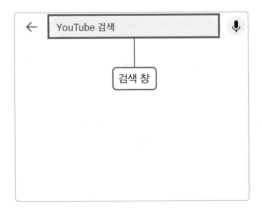

03 유명 유튜브 크리에이터 채널을 만나자

유튜브에는 다양한 분야가 있고, 분야별로 인기 있는 크리에이터와 채널이 있습니다. 이 중에서 구독자 수가 많고, 영상 조회 수가 많은 유명 채널을 살펴봅시다. 분명 그 채널에 특별한 매력이 있어서 많은 사람이 좋아하겠죠. 이들 채널에서 본받을 만한 점을 찾아봅시다. 앞으로 내가 운영할 채널에 적용할 만한 내용이 있을 겁니다.

▶ 동물 채널

☁ 스튜디오 그냥

7마리의 고양이와 집사의 일상을 담은 채널입니다. 귀여운 고양이들이 방안을 걸어 다니는 모습을 많이 볼 수 있습니다. 집사가 고양이들과 노는 영상, 고양이 간식을 만드는 영상이 주로 업로드되고 있습니다.

☁ 솜이네 곰이탱이여우

시바견 3마리 곰이, 탱이, 여우와 집사 부부의 일상 및 여행을 담은 채널입니다. 강아지들의 재미나고 귀여운 모습을 만날 수 있습니다. 거의 매일 영상을 업로드하고 라이브 방송도 정기적으로 하면서 꾸준히 구독자를 모으고 있습니다.

☁️ 김메주와 고양이들

4마리의 고양이 먼지, 봉지, 휴지, 요지와 집사 부부의 일상을 담은 채널입니다. 복닥복닥하면서도 잔잔한 분위기의 영상을 볼 수 있습니다. 통통 튀는 고양이 4마리의 매력과 집사 부부와의 '케미'가 매력적입니다.

▶️ 일상 채널

☁️ 예씨 yessii

자매가 일상, 먹방, 리뷰, 몰카 등의 콘텐츠를 올리는 채널입니다. 언니 리니 님과 동생 지니 님이 영상에 함께 등장합니다. 유명 콘텐츠로는 정해진 데시벨 규범을 벗어나면 그 음식을 못 먹는 '데시벨 챌린지'가 있습니다.

☁️ 대생 Daesaeng

주로 병맛 느낌의 일상, 실험, 몰카 등을 올리는 채널입니다. 동영상 대부분이 일반인은 웬만하면 하지 않을 이상한 시도입니다. 매번 색다른 볼거리를 보여주기 위해 노력하는 유튜버입니다. 따라하기 금지!

☁️ 박막례 할머니

73세 박막례 할머니의 일상을 담은 채널입니다. 주로 여행 영상을 업로드하고 뷰티, 먹방, 감상, 요리, 패러디 등의 다양한 소재를 다루고 있습니다. 모든 영상에서 박막례 할머니 특유의 구수한 말솜씨로 친근감이 느껴집니다.

▶️ 게임 채널

☁️ 대도서관 TV

게임 방송을 전문으로 하는 스트리머로서 생방송 영상을 편집해서 유튜브 채널에 업로드하고 있습니다. 한국 인터넷 개인 방송 시장을 개척, 발전시킨 1인 미디어계의 선구자입니다. 오랫동안 쌓아온 인지도를 바탕으로 TV 방송에도 종종 등장하고 있습니다.

☁ 도티 TV

마인크래프트 관련 콘텐츠를 다루는 게임 채널입니다. 대한민국 게임 크리에이터 최초로 구독자 200만 명을 달성한 초통령 유튜버라고 할 수 있습니다. 10대 초중반 학생들을 겨냥한 방송으로 마인크래프트 게임 안에서 다른 크리에이터들과 함께하는 상황극을 통해 재미를 줍니다.

☁ 양띵 유튜브

마인크래프트와 다양한 인터넷 게임을 다루는 채널입니다. 시청자 참여형 대형 콘텐츠로 인기를 끌게 된 게임 유튜버입니다. 시청자 중 일부를 초대해서 함께 마인크래프트 탈출 맵을 하는 등 다양한 콘텐츠를 시청자와 함께 만듭니다. 소통을 중요시하는 인터넷 세대의 마음을 사로잡은 비결이라고 할 수 있습니다.

▶ 먹방 채널

먹방은 '먹는 방송'의 줄임말입니다. 먹방이 인기를 끌면서 미국에서도 먹는 방송을 'eating show'라고 부르지 않고, 우리나라 발음대로 'muk-bang'이라는 단어를 쓴다고 하죠. 영상 내내 크리에이터가 음식을 먹으면서 중간중간 시청자와 대화하고 소통하는 콘텐츠입니다.

나름TV

입짧은햇님

떵개떵

▶ ASMR 채널

ASMR은 '정신적인 안정감을 가져다주는 소리'라는 뜻입니다. 쉽게 말하자면 일상소음, 백색소음을 말합니다. 주로 천천히 편안하게 음식을 먹는 소리를 들려주거나 바스락거리는 소리가 나는 사탕, 젤리, 튀긴 음식 등을 먹는 영상이 많습니다.

JaeYeol ASMR

ASMR Suna 꿀꿀선아

HONG SOUND

04 내가 좋아하는 채널 분석하기

찾아본 다양한 유튜브 채널 중에서 어떤 채널이 가장 마음에 드나요? 어떤 점을 배울 수 있는지 생각해서 적어 봅시다. 이때 주의할 점은 시청자의 시선이 아니라, 크리에이터의 시선으로 봐야 한다는 겁니다. 내가 앞으로 영상을 만들고 유튜브에 올린다고 생각했을 때를 상상하며 기록해 보세요.

탐색하면서 가장 마음에 들었던 채널의 이름과 콘텐츠는 무엇인가요?

채널 이름	콘텐츠 제목

콘텐츠의 내용을 간단히 설명해 보세요.

_____

_____

_____

_____

이 콘텐츠가 마음에 드는 이유를 가능하면 자세하게 써보세요.

_____

_____

_____

_____

영상의 분위기는 어떤가요?

_____

_____

_____

_____

💬 채널에 대한 질문입니다. 이 채널에 초기에 올라온 영상과 최근 영상을 비교할 때 어떤 변화가 있나요?

_____

_____

_____

_____

💬 같은 분야의 다른 채널과 차별점이 있다면 뭘까요?

_____

_____

_____

_____

💬 시청자와 어떤 방식으로 소통하나요?

_____

_____

_____

_____

💬 만약 내가 이 콘텐츠를 만든다면 어떤 점을 추가하고 싶은가요?

_____

_____

_____

_____

05 내 유튜브 채널의 소재는?

이제 다른 사람들이 어떤 채널을 운영하고 있는지 충분히 분석해봤으니 내가 어떤 유튜브 채널을 만들면 좋을지 고민해 봅시다. 한 마디로 내 채널의 성격과 주제를 정하는 겁니다. 나중에 바꿀 수 있으니 처음 부터 완벽하게 하려는 부담은 갖지 않아도 됩니다. 아래 질문들에 하나씩 답하면서 내가 만들고 싶은 채 널이 뭔지 정해 봅시다.

Q 1. 내가 자주 접하고 있는 소재인가요?

유튜브 채널은 영상 한두 개 올린다고 바로 구독자가 늘어나지 않습니다. 지속해서 업로드해야 하 므로 내가 자주 접할 수 있는 소재를 선택하는 것이 중요합니다. 예를 들어, 내가 여행을 좋아해서 여행 채널을 만들고 싶지만 1년에 한두 번 여행한다면 콘텐츠를 계속 올리기 힘들겠죠? 그러니 내 가 자주 접하는 소재를 선택하세요. 게임을 좋아하고 매일 하고 있나요? 먹는 걸 좋아하나요? 반려 동물을 키우고 있거나 동물을 자주 접하는 환경에 있나요? 이 외에도 내가 자주 접하는 소재를 찾 아보세요.

Q 2. 사람들이 관심을 보이는 소재 + 내 관심사인가요?

유튜브 운영에는 많은 시간과 노력이 들기에 조회 수, 구독자 수가 많이 올라가길 바라는 게 당연합 니다. 아무래도 많은 사람이 관심을 갖는 소재로 콘텐츠를 만들면 구독자를 모으기 수월할 겁니다. 하지만 사람들이 좋아한다고 해서 내가 좋아하지 않는 소재를 선택할 수는 없습니다. 그런 소재라 면 만들다가 분명 재미없어서 포기하게 됩니다. 내가 잘할 수 있는 소재들을 나열하고, 그중에서 가 장 사람들이 좋아하고 관심 있을 만한 소재를 선택하는 것을 추천합니다.

Q 3. 나만의 매력을 담을 수 있는 소재인가요?

내가 가장 잘할 수 있는 것이 무엇인지 한번 생각해 보세요. 말을 재미있게 한다거나, 게임에 자신 이 있다거나, 사람들의 공감을 불러일으킬 수 있다거나, 음식을 엄청 맛있게 먹을 수 있다거나 등 내세울 수 있는 장점을 찾아봅시다. 이미 유튜브에는 매일 수만 개의 영상이 업로드되고 있습니다. 수많은 영상 중에 나만의 매력이 있어야 시청자를 사로잡을 수 있습니다. 나만의 독창적인 콘텐츠 를 만들기 위해 꾸준히 노력해야만 합니다.

스스로 생각해본 소재와 채널의 콘셉트를 정리해 봅시다.

소재	채널 콘셉트
고양이, 일상	함께 사는 고양이와의 소소한 일상 시청자들에게 공감과 위로를 주는 콘텐츠

🔔 TIP

유튜브에서 제한하는 콘텐츠

유튜브는 부적절한 영상을 강력하게 규제하고 있습니다. 이를 위반할 경우 광고가 붙지 않거나 영상이 삭제되거나 채널이 삭제될 수도 있으니 주의해야 합니다.

⚠ 과도한 노출 및 성적인 콘텐츠

⚠ 유해하거나 위험한 콘텐츠

⚠ 증오성 콘텐츠

⚠ 폭력적이거나 노골적인 콘텐츠

⚠ 괴롭힘/사이버 괴롭힘

⚠ 스팸, 오해를 불러일으킬 수 있는 메타데이터 및 사기

⚠ 저작권 위반, 개인정보를 침해하는 콘텐츠

⚠ 타인의 이익을 침해하거나 위협하는 콘텐츠

06 내 채널 이름 정하기

채널의 소재와 콘셉트를 정했으니 채널 이름을 정할 차례입니다. 채널 이름은 크리에이터를 대표하는 이름이지만 그렇게 거창할 필요는 없습니다. 아마 유튜브 채널을 찾아보면서 굉장히 친근하고 단순한 채널 이름을 많이 보았을 겁니다. 단순할수록 채널의 콘셉트가 명확하게 전달됩니다. 내 채널의 콘셉트를 표현할 수 있을 만한 이름을 만들어 보세요.

단어 + 단어	모카밀크 크림 히어로즈 영알남(영어 알려주는 남자)
내 이름, 별명 활용하기	김메주네 고양이들 잠뜰(잠이 많다+슬기) 허팝(허+힙합) 헤이지니, 럭키강이

단어와 단어를 조합하거나 내 이름을 활용하는 방법이 가장 대표적입니다. 별명이 있다면 별명을 사용하는 것도 좋습니다. 또 다른 방법은 채널의 소재와 콘셉트를 알 수 있는 단어를 넣는 겁니다. 내가 사용하려는 채널 이름을 이미 사용하는 사람이 있을 수도 있으니 꼭 유튜브에 검색해서 확인해봐야 합니다.

TIP

채널 이름 바꾸기
채널 이름은 90일 단위로 최대 3번 변경할 수 있습니다. 수정할 기회가 있으니 처음부터 완벽한 채널명을 정하지 않아도 되지만, 계속 바꿀 수는 없으니 염두에 둬야 합니다.

07 스마트폰으로 유튜브 채널 만들기

이제 스마트폰으로 내 채널을 만들어 봅시다. 다소 복잡해 보일 수 있지만, 하나씩 따라하면 어렵지 않습니다. 단, 채널을 만들려면 정식 구글 계정이 필요합니다(패밀리링크로 만든 계정은 사용 불가). 구글은 만 14세 이상에게만 유튜브 채널을 만들 수 있는 권한을 부여합니다. 따라서 어떤 독자의 경우는 부모님의 계정을 빌려야 할 수 있습니다.

01 구글 계정에 로그인 후 스마트폰에 설치한 유튜브 앱을 터치해서 메인 화면으로 들어갑니다.

02 메인 화면 오른쪽 아래에 있는 [나] 아이콘을 터치하면 내 계정 화면으로 들어갈 수 있습니다. 계정 화면에서 [계정 전환]을 터치합니다.

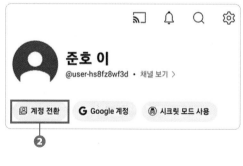

03 [채널 수정]을 터치합니다.

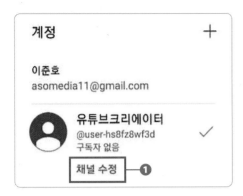

04 [채널 설정]에서 내 채널의 이름, 핸들, 설명, 공개 범위 등을 설정하여 변경할 수 있습니다.

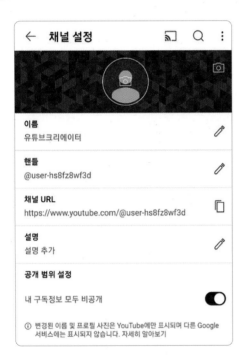

08 내 채널 아이콘 설정하기

채널 이름 옆에 조그맣고 동그란 이미지가 있죠? 그걸 '채널 아이콘'이라고 부릅니다. 지금은 그냥 재미 없는 이미지가 올라가 있을 겁니다. 채널을 꾸미는 데 필수적인 요소이니, 채널에 어울리는 채널 아이콘 을 만들어 넣어 봅시다.

'예씨', '대생', '박막례 할머니'처럼 본인의 매력을 나타내는 얼굴을 사용합니다. 동물 채널의 경우 내 영 상에 등장하는 동물의 사진을 자주 사용합니다. 게임 채널의 '대도서관', '도티', '양띵'처럼 그림이나 캐릭 터를 쓰는 경우도 있습니다. 내 채널에 어울리는 채널 아이콘을 설정해 봅시다.

01 지금 카메라로 자신의 얼굴, 또는 주변에 어울리는 소품 등 채널 아이콘으로 쓸만한 사진을 찍어 봅시다.

02 사진을 찍었나요? 그럼 이제부터 업로드 해봅시다. [채널 보기]를 터치한 후 [연필 모양] 아이콘을 터치합니다.

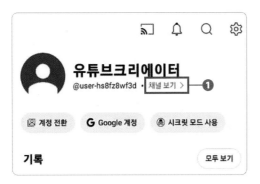 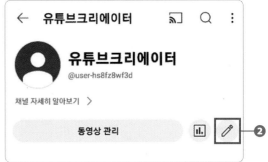

03 상단에 표시된 카메라 아이콘을 터치하고 [기기사진]–[갤러리]를 터치합니다.

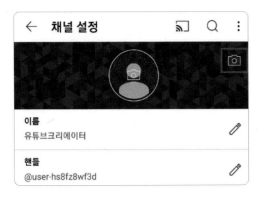 

04 '포토' 혹은 '카메라'를 선택하고 방금 촬영한 사진이나 예전에 찍었던 사진 중 마음에 드는 사진을 찾아 터치합니다.

05 채널에 사용될 이미지를 자르거나 회전시켜 원하는 모양이 되도록 조절하고 [프로필 사진으로 저장]을 터치합니다.

06 채널 아이콘이 바뀐 걸 확인해 보세요. 채널 아이콘은 언제든 바꿀 수 있느니 더 적합한 사진이 있다면 바꿔도 됩니다.

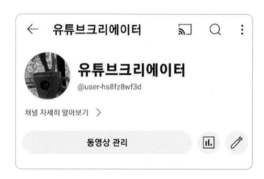

내 채널 설명 입력하기

이제 마지막입니다. 채널 설명에 채널에 대한 간단한 설명을 기록합시다. 예를 들어, '고양이와의 소소한 일상을 공유하는 콘텐츠를 올립니다.', '재미있는 마인크래프트 게임 콘텐츠를 만듭니다.', '쉽게 요리하는 노하우를 공유하는 채널입니다.' 등의 간략한 문구면 됩니다. 이전에 정한 채널 콘셉트를 자연스럽게 적으면 됩니다. 채널 설명은 100자 이내로 자유롭게 작성할 수 있고 언제든 편하게 수정할 수 있습니다.

01 내 채널 화면으로 들어가서 [채널 보기]를 터치하고 [연필 모양] 아이콘을 터치합니다.

02 '설명 추가'에 있는 [연필 모양] 아이콘을 터치하고 설명을 추가한 후 [저장]을 터치합니다.

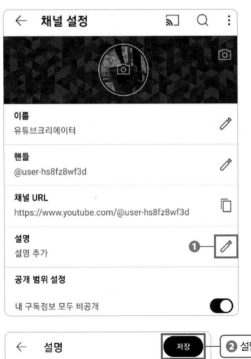
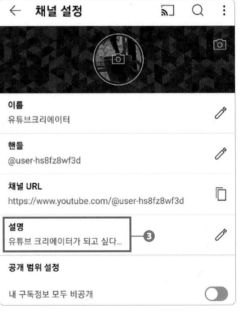

❶ 내 채널에 들어가면 지금은 회색으로 채워져 있는 바탕화면이 보일 텐데요. 여기에 예쁜 이미지를 넣을 수 있습니다. 여기를 '채널 아트'라고 부릅니다. 최근에는 스마트 기기의 활용이 높아져서 PC뿐만 아니라 모바일 기기에서도 채널 아트를 활용하여 손쉽게 콘텐츠를 등록할 수 있습니다. 우선 PC를 활용하여 채널 아트를 등록하는 방법을 알아봅시다.

❷ PC를 켜고 유튜브 웹사이트에 들어가서 로그인을 합니다.

❸ 그럼 오른쪽 위의 아이콘이 보일 겁니다. 그 채널 아이콘을 클릭하면 여러 항목이 보이는 데요. 그 중 [내 채널]을 클릭합니다.

❹ 내 유튜브 채널로 들어왔습니다. 이 화면에서 [채널 맞춤설정]을 클릭합니다.

❺ 내 유튜브 채널 메인을 수정할 수 있는 화면입니다. 여기서 [채널 아트 추가]를 클릭합니다.

❻ 스마트폰으로 채널 아이콘을 업로드했을 때와 비슷하게 사진을 업로드하고 채널 아트로 사용하고 싶은 부분을 설정해서 선택하면 됩니다.

PART
03

내가 찍은 사진으로
영상 만들기

이번 단원에서는

❶ 촬영에 필요한 여러 도구를 알아봐요.

❷ 스마트폰의 카메라로 사진을 찍어요.

❸ 편집 앱을 활용해서 사진으로 동영상을 만들어요.

앞서 우리는 어떤 콘텐츠를 만들지 고민해서 '내 채널'을 만들었습니다. 그렇다면 이제 콘텐츠를 직접 만들어 봐야겠죠? 콘텐츠를 만들기 위해서 비싼 촬영 장비와 영상 편집 프로그램이 있어야 하는 건 아닙니다. 스마트폰과 무료 편집 앱으로도 충분히 멋진 영상을 만들 수 있습니다.

미리 준비해야 할 것

▶ **스마트폰**

스마트폰 카메라의 성능은 나날이 좋아지고 있습니다. 전용 장비를 쓰지 않고 스마트폰 카메라만으로도 우리가 원하는 품질의 영상을 얻을 수 있습니다. 2011년 박찬욱 감독은 전 장면을 아이폰4로만 촬영한 '파란만장'이라는 영화를 개봉했습니다. 아이폰 카메라의 우수성을 홍보하기 위한 일종의 이벤트였지만, 스마트폰 카메라로 영화와 같은 고품질 영상을 얻을 수 있음을 증명했습니다. 당시 스마트폰 카메라의 성능으로도 영화 촬영이 가능했고, 카메라 성능이 훨씬 좋아진 요즘 스마트폰으로는 당연히 가능합니다.

영화 파란만장의 포스터(좌)와 아이폰 사용 장면(우)
출처 : 영화 '파란만장' 메이킹 필름

스마트폰의 가장 좋은 장점은 매일 들고 다니기 때문에 언제 어디서든 주머니에서 꺼내어 바로 영상 촬영을 할 수 있다는 편리함입니다. 또한 카메라 앱도 발전해서 슬로우 모션, 타임랩스와 같은 부가 기능을 사용할 수 있어 더욱 멋진 영상을 찍을 수 있습니다.

* **슬로우 모션** : 느린 동작을 만들어내는 기법. 예를 들어, 1초에 120장의 이미지를 촬영한 다음, 1초에 60장의 이미지를 재생하면 천천히 움직이는 것처럼 보입니다. 주로 스포츠 영상에서 특정 장면을 자세히 보기 위한 용도로 많이 쓰입니다.

* **타임 랩스** : 빠른 동작을 만들어내는 기법. 예를 들어, 1시간에 1장씩 한 달 동안 찍었다가 1초에 60장의 이미지를 재생하면 빨리 움직이는 것처럼 보입니다. 주로 꽃이 피는 장면, 별자리의 이동 등 오랜 시간이 걸리는 장면을 단기간에 보기 위한 용도로 많이 쓰입니다.

간단한 장비로 각자 개성을 담아 영상을 만드는 것이야말로 '1인 미디어'의 매력입니다. 유명 유튜브 크리에이터 중에도 스마트폰만으로 영상을 촬영하는 사람이 많습니다. 또 유튜브 영상은 스마트폰에서 시청할 경우가 많아서 영상의 품질보다 등장인물과 내용이 더 중요한 요소로 작용하는 편입니다.

▶ 셀카봉과 삼각대

유튜브 크리에이터는 진행자 역할과 촬영자 역할을 혼자서 다 해야 할 때가 많습니다. 이때 유용한 도구가 바로 셀카봉과 삼각대입니다. 셀카봉은 진행자가 움직이면서 촬영할 때 유용하고, 삼각대는 책상 앞에 앉아서 실험하거나 설명할 때 많이 쓰입니다. 전문가용 고급 거치대가 아니어도 됩니다. 간편하게 들고 다닐 수 있는 미니 삼각대나 셀카봉으로도 충분합니다.

셀카봉

삼각대

전문가들은 어떤 장비를 쓸까?

처음에는 스마트폰 카메라로 충분하지만, 전문가들은 어떤 장비를 사용하는지 알면 나중에 더 좋은 영상을 찍고 싶을 때 활용할 수 있습니다.

* DSLR 카메라 : 전문가들이 가장 많이 사용하는 촬영 장비입니다. 사진을 감지하는 센서가 커서 고품질의 사진과 동영상을 얻습니다. 상황별로 다양한 렌즈를 사용할 수 있는 것도 장점이죠. 다만 가격이 비싸고 덩치가 커서, 구매하는 데 부담이 있습니다.

* 미러리스 카메라 : 거울이 없는 카메라라는 뜻입니다. DSLR에는 달린 미러를 제거해서 무게와 부피를 줄였다고 생각하면 됩니다. 최근 나온 미러리스는 DSLR 못지않은 성능을 자랑합니다.

* 캠코더 : 영상에 특화된 장비입니다. 사진 촬영이 불가능한 대신, 영상 품질과 마이크 성능이 뛰어나고 녹화 가능 시간도 깁니다. 실험이나 관찰과 같이 촬영을 길게 하는 콘텐츠의 경우 추천합니다.

* 액션캠 : 초소형 캠코더입니다. 카메라나 캠코더보다 훨씬 가볍고 신체나 장비에 부착할 수 있다는 장점이 있습니다. 움직임이 많고 활동적인 콘텐츠를 촬영할 때 좋습니다.

* 웹캠 : 컴퓨터 모니터에 설치해서 사용하는 소형 카메라입니다. 기본적으로 노트북이나 컴퓨터 모니터에 내장되어 있지만, 웹캠을 추가로 사용하면 더 좋은 품질의 영상을 얻을 수 있습니다. 이동 없이 컴퓨터 앞에 앉아서 하는 콘텐츠를 촬영할 때 추천합니다.

▶ 영상 편집 앱 설치하기

불과 얼마 전까지만 해도 영상 편집은 고성능 컴퓨터에서 해야 했습니다. 스마트폰의 성능이 좋아지고, 간편하게 사용할 수 있는 전용 앱이 등장하면서 스마트폰 안에서 편집이 가능해졌습니다. 영상 편집 앱을 활용하면 스마트폰으로 촬영한 영상을 컴퓨터로 옮기지 않고 바로 편집을 할 수 있어 편리합니다. 또 만든 영상을 곧바로 유튜브에 올릴 수도 있죠.

키네마스터(KineMaster)는 현재 스마트폰으로 영상을 찍고 편집하는 크리에이터들이 가장 많이 사용하는 앱입니다. 구글 플레이(Google Play) 혹은 앱 스토어(App Store)에서 '키네마스터'라고 검색해서 앱을 설치합시다.

키네마스터는 무료 버전을 기준으로 가장 많은 기능을 제공합니다. 사진 및 영상을 가져온 다음, 배경 음악과 효과음을 넣을 수 있습니다. 다양한 애니메이션 효과, 장면 전환 효과, 자막 입력, 특수 효과 등의 다양한 기능들을 쉽게 이용할 수 있습니다. 앞으로 편집 앱에서 제공하는 기능을 차근차근 배워서 나만의 영상을 만들어 봅시다.

무료 버전으로도 대부분 기능을 쓸 수 있지만, 완성한 영상의 우측 상단에 '키네마스터 워터마크'가 표시됩니다. 워터마크를 없애고 싶다면 유료 버전을 구매해야 합니다. 유료 버전 이용 금액은 월 6천 원입니다.

스마트폰에 편집 앱까지 설치했다면 이제 준비는 끝났습니다. 이제 스마트폰을 들어 촬영, 편집을 시작합시다.

02 다른 스마트폰 영상 편집 앱은 없을까?

▶ 블로(VLLO)

 키네마스터와 비슷하게 영상 편집에 필요한 기본적인 기능들을 제공합니다. 블로는 언제 어디서든 나만의 비디오를 쉽게 제작할 수 있으며, 직관적인 편집 환경을 가져서 초보자도 이용하기 좋습니다.

블로는 구글 플레이 혹은 앱 스토어에서 다운로드 및 설치할 수 있습니다. 그리고 사용 기기를 상황에 따라 선택하여 사용할 수 있는데, 모바일에서는 세로 모드만 지원하지만 태블릿 기기에서는 가로 모드도 지원합니다.

영상 매체마다 업로드할 수 있는 화면 비율이 다른데, 블로는 사용자가 이 비율을 인지하고 있지 않더라도 영상에 최적화된 화면 비율을 알아서 제시해 줍니다. 상황에 따른 비율을 선택하여 자유롭게 영상을 업로드할 수 있는 것 또한 블로가 가진 장점입니다.

▶ 인샷(InShot), 비바비디오(VivaVideo)

  영상 편집 후 터치 한 번으로 유튜브에 업로드할 수 있는 편리한 기능을 제공합니다.

▶ 틱톡

 재미있고 독특한 짧은 영상을 만들고 업로드할 수 있는 플랫폼 앱입니다. 스티커, 필터, 배경 음악, 목소리 더빙, 립싱크 등 여러 편집 기능과 다양한 촬영 기법을 제공하고 있어서 공간의 제약을 뛰어넘은 신기한 영상을 만들 수도 있습니다. 다양한 크리에이터(일명 틱톡커)들이 '꿀잼 영상'을 업로드하고 있습니다.

멋진 사진 찍기

영상 촬영은 왠지 부담스럽지만, 사진 촬영은 친숙합니다. 사진을 찍어 본 경험은 누구든 한두 번씩 있을 테니까요. 사진을 이어붙이기만 해도 멋진 영상이 만들어집니다. 이미 찍은 사진을 사용해도 좋고, 새롭게 사진을 찍어도 좋습니다. 사진으로 나만의 이야기를 담은 영상 콘텐츠를 만들어 봅시다.

▶ 무엇을 찍을까요?

사진으로 영상을 만들 때 일관된 주제가 있으면 좋습니다. 예를 들어, 요즘에는 결혼식 도중에 신랑과 신부의 사진을 이어붙인 영상을 틀어줄 때가 많습니다. 여기에서 신랑 신부라는 일관된 주제가 있으니 영상으로 만들어도 어색하지 않죠.

어떤 주제의 사진을 찍을까요? 너무 멀거나 특정 장소에 가야만 촬영할 수 있는 주제 대신 내 주변에서 쉽게 찍을 수 있는 주제로 정해 보세요. 예를 들어, 내 친구들, 내 교실, 내 가족, 내가 좋아하는 장난감 등의 주제이면 좋겠죠. 주제에 맞춰 10~30장 정도를 찍읍시다.

찍고 싶은 주제	

▶ 사진 촬영할 때 주의할 점

☁ 가로 모드로 찍자

가로 모드

세로 모드

영화, TV, 유튜브 영상을 보면 대부분 가로인 걸 알 수 있습니다. 최근에는 세로로 촬영한 짧은 쇼츠 영상이 많이 공유되고 있지만 일반적인 영상 편집에서는 가로로 촬영한 영상을 많이 활용하고 있습니다. 세로로 찍은 사진을 가로 창 안에 넣으면 양옆이 비어 보이게 됩니다. 따라서 영상에 쓸 사진은 가급적 가로로 찍기를 바랍니다.

☁ 안내선 기능을 활용해 수평을 맞추자

사진의 수평, 수직을 맞추면 훨씬 멋진 사진을 찍을 수 있습니다. 수평, 수직을 맞춘 사진과 그렇지 않은 사진을 비교하면, 맞춘 사진이 훨씬 안정감 있고 잘 찍은 사진처럼 보입니다. 아래의 사진 중에 어떤 사진이 잘 찍은 사진처럼 보이나요?

수직/수평을 맞추지 않은 사진

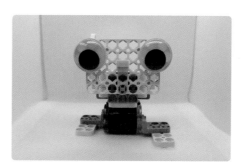

수직/수평을 맞춘 사진

사진의 수평, 수직을 맞출 때 카메라 앱의 도움을 받으면 좋습니다. 대부분 카메라 앱에는 수직/수평 안내선 기능이 있습니다. 카메라 앱의 설정에 들어가서 '수직/수평 안내선'(카메라 앱마다 명칭은 다릅니다)을 찾고, 3×3 정사각형으로 설정합니다.

이렇게 화면에 격자가 표시되니 수평, 수직을 맞추기가 훨씬 쉬워졌죠?

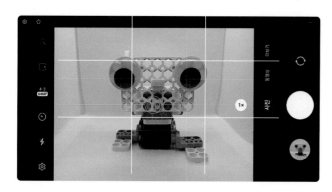

☁ 어두운 곳에서 찍을 때는 밝기 조절

사진을 찍을 때 빛은 매우 중요합니다. 예를 들어, 태양을 등지고 찍으면 밝은 사진을 찍을 수 있겠죠? 그렇지만 상황에 따라 어두운 곳에서 사진을 찍어야 할 수 있습니다. 이때 별도의 조명을 사용하거나 플래시를 켤 수도 있지만, 카메라의 밝기를 조절하는 것만으로도 충분합니다.

보통 카메라 앱에서 ⊞━━━━━━━━ ⊟ 모양의 메뉴가 있습니다. 내 카메라 앱에서 해당 기능을 찾아보세요. 똑같은 피사체를 밝기를 달리해 찍어보면 차이를 느낄 수 있습니다. 어두운 곳에서는 밝기 기능을 꼭 사용해 보세요.

밝기를 다르게 설정해서 찍은 사진. 가장 적합한 밝기를 찾는 것이 요령입니다.

☁ 필터를 써보자

스마트폰 카메라 앱은 다양한 필터 기능을 제공합니다. 카메라마다 메뉴 위치는 다양한데요. 내 카메라 앱에서 해당 메뉴를 찾아보세요. 마법사봉(☼) 모양이거나, 동그란 원 세 개가 겹쳐있기도 합니다. 필터를 선택하면 '흑백', '부드러운', '빈티지' 등의 선택 버튼이 나타납니다. 필터 하나 씌운 것만으로 사진의 분위기가 확 바뀝니다. 한번 사용해 보세요.

▶ 프로 모드로 사진을 찍어보자

스마트폰의 카메라를 이용해 전문가들이 촬영에 활용하는 프로 모드로 사진을 촬영할 수 있습니다.
카메라 앱을 켜고 [더보기]를 터치하면 다양한 촬영을 할 수 있는 모드가 나타납니다.

[프로] 모드를 터치하면 화이트밸런스, 포커스, 노출값, 셔터 스피드, ISO 값을 촬영자가 스스로 결정하여 사진을 촬영할 수 있습니다.

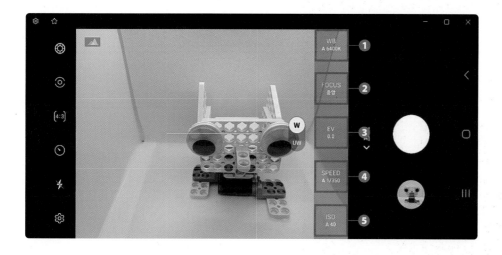

❶ **WB(화이트밸런스)** : 화이트밸런스는 흰색이 흰색답게 보이도록 색 온도를 조절하는 기능입니다. 화이트밸런스를 어떻게 설정하느냐에 따라 사진의 분위기가 결정됩니다.

❷ **FOCUS(포커스)** : 피사체(사진을 찍을 대상)의 어느 부분에 초점을 맞출 것인지를 결정할 수 있습니다.

❸ **EV(노출)** : 촬영 시 사용하는 빛의 양을 결정합니다. 어두울 경우 빛의 양을 조절하여 밝게 할 수 있고 너무 밝을 경우에는 어둡게 설정할 수 있습니다.

❹ **SPEED(셔터 스피드)** : 셔터 스피드를 조절하여 빠르게 움직이는 피사체를 촬영할 수 있습니다.

❺ **ISO(감도)** : 빛의 양을 결정해 줍니다. 숫자가 높을수록 노이즈가 많이 발생합니다.

04 키네마스터로 사진 영상 만들기

주제에 따라 사진을 찍었나요? 최소 10장 이상의 사진이 필요합니다. 앞서 설치한 키네마스터 앱을 사용해서 멋진 영상을 만들어 봅시다. 처음 사용할 때는 헷갈릴 수 있으니 천천히 따라 하면서 기능을 익혀보세요.

▶ 키네마스터 앱 실행하기

스마트폰에서 키네마스터 앱을 터치하고 들어가면 아래와 같이 키네마스터의 메인 화면이 나옵니다. 가운데에 있는 가장 큰 원을 터치하면 영상을 편집할 수 있는 프로젝트를 만들 수 있습니다. 가장 먼저 만들려는 영상의 화면 비율을 선택해야 합니다. 유튜브는 16:9 비율이 가장 적합하기 때문에 [16:9]를 선택합니다.

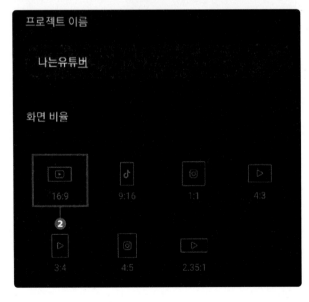

이제 프로젝트가 만들어졌습니다. 키네마스터를 본격적으로 활용하기 위해서는 기본 메뉴들과 용어를 알아야 합니다. 스마트폰은 컴퓨터와 달리 화면이 작아서 아이콘들이 직관적으로 구성되어 있습니다.

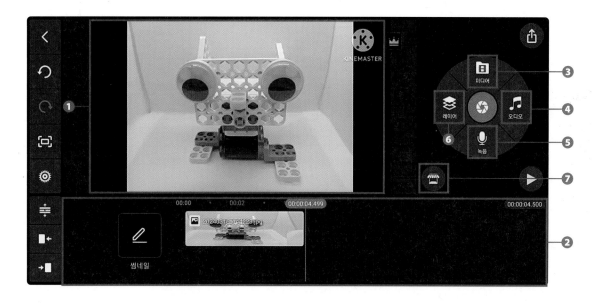

❶ **미리 보기 화면** : 내 편집의 결과 영상이 어떻게 나올지 실시간으로 보이는 화면입니다.

❷ **타임라인** : 실제로 영상과 사진을 편집하는 영역입니다.

❸ **미디어** : 갤러리에서 필요한 사진, 동영상 소스를 아래 타임라인으로 불러오는 메뉴입니다.

❹ **오디오** : 개인 스마트폰에 저장되어 있거나 '에셋 스토어'*에서 다운로드한 음악 및 효과음을 아래 타임라인으로 불러오는 메뉴입니다.

❺ **녹음** : 앱 안에서 녹음(내레이션, 현장음 등)을 할 수 있는 메뉴입니다.

❻ **레이어** : 영상 위에 새롭게 추가할 수 있는 요소들(영상 위에 또 다른 영상을 추가, 자막 넣기, 타이틀 넣기, 엔딩 크레딧, 스티커 넣기, 손글씨 쓰기 등)이 있습니다.

❼ **에셋 스토어** : 다양한 음악, 클립 그래픽, 폰트, 스티커 그리고 장면 전환 효과 등의 다양한 기능을 모두 에셋(Asset)이라고 말할 수 있습니다. 에셋 스토어는 말 그대로 에셋을 모아놓은 상점입니다. 무료 버전을 사용하는 사람은 프리미엄 표시가 된 에셋을 제외한 일부 에셋은 다운로드해서 사용할 수 있습니다. 유료 버전을 구매할 경우 에셋 스토어의 모든 에셋을 이용할 수 있습니다.

▶ 사진 불러오기

우리는 앞서 찍은 사진이 있으니 그걸 불러옵시다. 사진을 불러오기 위해 [미디어] 아이콘을 터치합니다. 그러면 화면에 앞서 찍은 사진을 비롯해 스마트폰에 저장된 사진들이 나옵니다. 보통 [Camera] 폴더 안에 찍은 사진이 들어있습니다.

내가 사용할 사진을 터치하면 아래 타임라인에 추가됩니다. 영상에서 사진이 나올 순서를 생각해서 사진을 여러 장 불러와 추가하세요.

혹시 원하지 않는 사진을 실수로 잘못 터치했나요? 실수로 터치한 사진이 타임라인에 들어갔다고 해서 당황하지 마세요.

화면 가장 왼쪽에 보이는 [되돌리기] 아이콘을 터치하면 방금 내가 한 행동을 되돌릴 수 있습니다. 사진을 잘못 넣었을 경우뿐만 아니라 효과를 잘못 넣었을 경우 혹은 실수로 필요한 부분을 잘라낸 경우에도 되돌릴 수 있습니다.

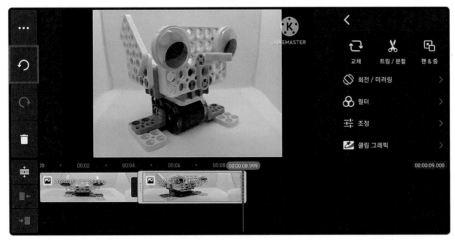

[되돌리기] 아이콘

또 다른 방법은 실수로 추가한 사진과 영상을 터치하고 화면 왼쪽의 [휴지통] 아이콘을 터치하면 해당 사진과 영상이 삭제됩니다.

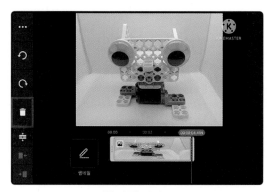

[휴지통] 아이콘

사진 대신 기본적으로 제공하는 이미지를 넣을 수도 있습니다. [이미지 에셋] 폴더에 들어가면 키네마스터에서 기본으로 제공하는 배경이 있습니다. 이들을 활용해도 됩니다.

▶ 첫 영상 실행해보기

자, 이제 필요한 사진을 전부 타임라인에 불러왔습니다. 화면 오른쪽에 있는 [재생] 아이콘을 터치해 볼까요? 그러면 미리 보기 화면에 내 사진들이 연속적으로 나타나면서 영상이 재생됩니다. 사진으로 영상만들기 정말 간단하죠?

현재 영상으로도 그럭저럭 괜찮지만, 사진만 지루하게 이어지니 재미가 없습니다. 밋밋한 영상에 효과를 넣으면 분위기가 확 달라집니다. 아래 내용 모두를 사용할 필요는 없지만, 내 영상에서 적절하게 사용해서 더 멋진 영상으로 변신시켜 봅시다.

▶ 사진 순서 바꾸기

사진의 순서를 바꾸고 싶다면 위치를 바꿀 사진을 꾹~ 길게 터치합니다. 그러면 컴퓨터에서 드래그하는 것처럼 해당 사진을 자유롭게 옮길 수 있어요. 옮기고 싶은 위치로 드래그해서 놓으면 쉽게 위치를 바꿀 수 있습니다.

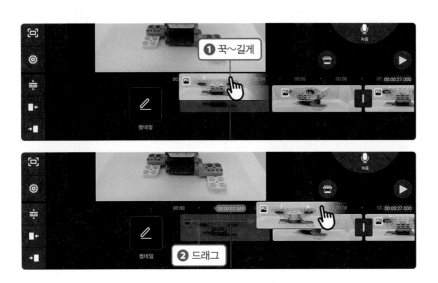

▶ 사진이 보이는 길이 조정하기

사람의 눈은 생각보다 빨리 화면의 내용을 스캔합니다. 사진이 나타나는 시간이 너무 길면 지루하게 느낄 수 있으니 적절한 시간으로 조정해 봅시다. 사진의 길이를 조정하려면 손으로 노란색 테두리를 옮기면 됩니다.

너무 작아서 잘 안 보이나요? 이럴 때는 타임라인에 양손 검지를 대고 좌우로 늘리면 타임라인이 확대됩니다. 조금 더 세밀한 편집이 필요할 때 이렇게 하세요. 반대로 양손 검지를 대고 좌우로 좁히면 축소됩니다.

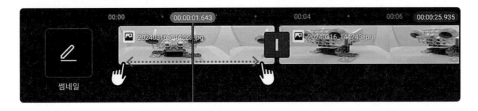

▶ 사진 자르기

사진이 보이는 길이를 조정하는 방법 대신 사진을 자르는 '트림/분할' 기능을 사용할 수도 있습니다. 좁은 스마트폰 화면 위를 손가락 터치로 조정하기 때문에 내가 원하는 길이로 딱 맞추기는 어렵습니다. 그래서 트림 기능이 더 편리할 때가 많죠. 앞으로 영상을 편집할 때 가장 많이 사용할 기능이기 때문에 빨리 익숙해질수록 편집이 쉬워집니다.

사진을 터치하면 주위에 노란색 테두리가 생기고 다양한 아이콘과 옵션이 나타나는데요. 길이를 조정하고 싶은 부분에 붉은색의 프레임 헤드를 가져다 두고 [트림/분할]을 터치합니다. 트림/분할에는 4가지 방법이 있는데 다음과 같습니다.

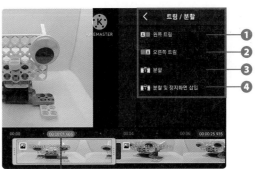

❶ 플레이 헤드의 왼쪽을 트림 : 선택한 사진 및 영상에서 붉은색 플레이 헤드 왼쪽을 잘라냅니다.

❷ 플레이 헤드의 오른쪽을 트림 : 선택한 사진 및 영상에서 붉은색 플레이 헤드 오른쪽을 잘라냅니다.

❸ 플레이 헤드에서 분할 : 붉은색 플레이 헤드를 기준으로 선택한 사진 및 영상을 분할합니다.

❹ 분할 및 정지화면 : 붉은색 플레이 헤드를 기준으로 선택한 사진 및 영상을 분할합니다. 추가로 분할된 부분에 플레이 헤드가 나타내던 정지화면을 삽입합니다.

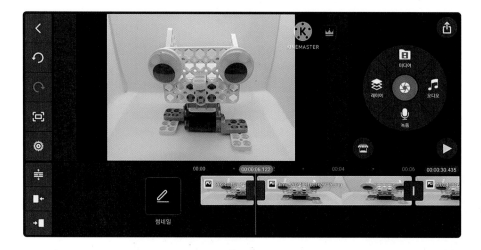

▶ 사진 회전 및 좌우 반전하기

분명 가로로 찍은 것 같은데 사진이 세로로 저장되는 경우가 있습니다. 그럴 땐 당황하지 말고 '회전/미러링' 기능을 활용하세요. 회전은 말 그대로 사진을 돌리는 거고, 미러링은 좌우 또는 상하가 대칭되도록 반전시키는 겁니다.

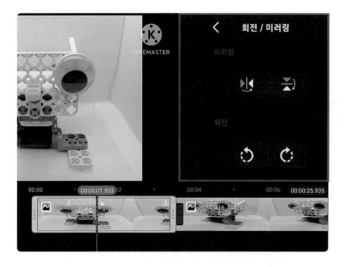

▶ 장면 전환 효과 넣기

사진과 영상을 자르는 '트림/분할' 기능 다음으로 영상 편집에서 가장 많이 쓰이는 기능이 무엇일까요? 바로 장면 전환 효과입니다. 사진과 사진이, 장면과 장면이 자연스럽게 넘어가도록 효과를 넣을 수 있는 기능입니다. 사진과 사진 사이에 빨간색 네모 박스가 보이시나요? 그 박스를 터치하면 내가 사용할 수 있는 장면 전환 효과가 화면에 나타납니다.

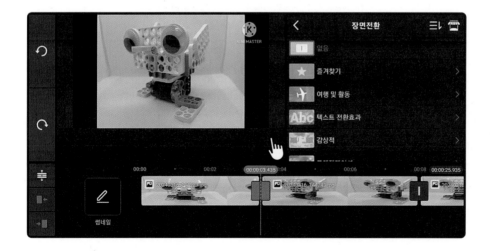

무료 버전이어도 사용할 수 있는 장면 전환 효과가 꽤 많이 있습니다. 가장 많이 쓰는 [대표 장면전환 효과]를 선택하세요. 줌 아웃, 페이드 컬러, 겹침 세 가지가 있습니다. 내가 만들 영상에 필요한 효과가 무엇일지, 어떤 효과를 넣으면 좋을지 한 번 생각해 보세요.

🔔 TIP

오른쪽 하단에 있는 [더 받기]를 터치하면 에셋 스토어에서 다양한 프리미엄 효과들을 구매해 사용할 수 있습니다. 비용을 지불해야 하는 기능입니다.

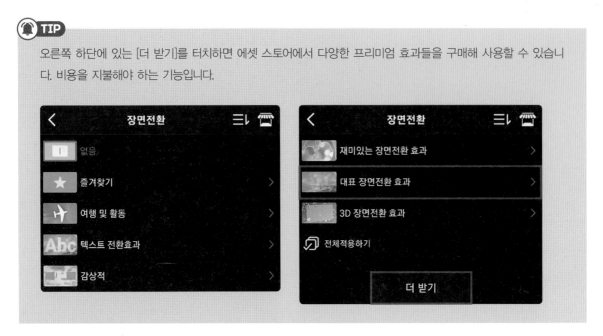

▶ 줌 아웃

현재 장면이 점점 커지고 흐릿해지면서 자연스럽게 다음 장면으로 넘어가는 장면 전환 효과입니다.

▶ 페이드 컬러

현재 장면이 점점 검은색으로 어두워졌다가 다시 밝아지면서 다음 장면으로 넘어가는 장면 전환 효과입니다.

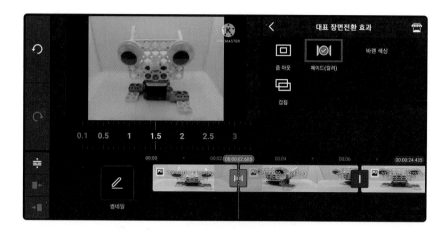

옵션의 색상 부분을 터치하면 검은색 말고도 다양한 색으로 효과를 적용할 수 있습니다.

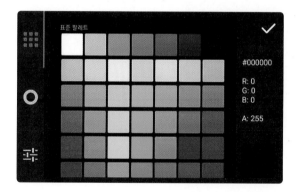

▶ 겹침

현재 장면이 자연스럽게 사라지면서 동시에 다음 장면이 서서히 나타나는 장면 전환 효과입니다. 영화 및 드라마에서 많이 쓰이고 있는 기법인데요. 전문 용어로는 디졸브(dissolve)라고 합니다.

⏵ 장면 전환 효과 시간 조절

장면 전환 효과가 더 빨리 지나가도록 혹은, 더 천천히 지나가도록 설정하고 싶을 때가 있습니다. 그런 경우에는 장면 전환 효과를 선택하고 미리 보기 화면의 밑에 있는 숫자 막대를 조절하면 됩니다. 숫자가 작을수록 장면 전환이 빨리 되고 숫자가 클수록 장면 전환이 느리게 됩니다.

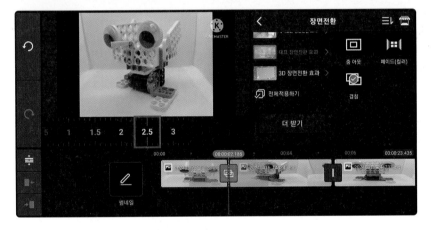

⏵ 그 외 다양한 장면 전환 효과들

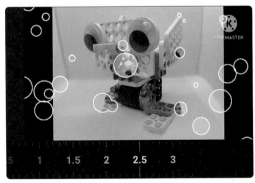
물방울

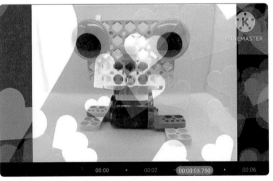
하트

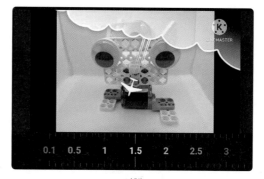

원형   여행

이 외에도 키네마스터 앱에서는 다양한 장면 전환 효과를 제공하고 있습니다. 책에 소개되지 않은 효과들은 직접 눌러보면서 어떤 효과들이 있는지 확인해 보세요. 그리고 위에서 설명했던 자르기 기능, 장면 전환 효과를 활용해서 영상을 자유롭게 꾸며봅시다.

🔔 TIP

영상 편집은 시간과의 싸움

영상 편집은 시간과 정성이 많이 들어가는 작업입니다. 컴퓨터 그래픽을 많이 쓰는 대작 영화의 경우, 배우들과 실제로 촬영하는 기간은 2~3개월이면 끝나지만, 후반 작업에 몇 년이 걸리기도 합니다. 유튜브 영상은 영화보다 훨씬 간단한 영상 편집을 하지만, 그래도 시간을 많이 투자할수록 좋은 결과물이 나온다는 사실은 동일합니다.

① 자르고 붙이는 것이 기본

복잡해 보이지만 가장 기본은 영상을 자르고 붙이는 겁니다. 앞으로도 이번 시간에 배운 자르고 붙이는 일을 계속 반복해서 쓰게 될 겁니다. 능숙해지도록 연습하세요. 능숙해지면 편집에 들어가는 시간도 줄어듭니다.

② 중간에 저장은 잊지 말기 (키네마스터는 자동 저장)

기껏 애써 편집했는데 파일을 잃어버리면 안 되겠죠? 그래서 편집 작업을 할 때는 도중에 저장하기를 잊지 말아야 합니다. 다행히 키네마스터는 자동으로 저장을 해줍니다.

③ 중간 단계의 편집 영상을 수시로 확인

편집한 다음 수시로 어떤 느낌인지 영상을 플레이하며 확인해야 합니다. 내 생각과 실제 영상이 다를 수 있으니까요. 중간 단계에서 영상을 확인하면 나중에 전체를 고치느라 고생하지 않아도 됩니다.

PART
04

내 채널에
영상 업로드하기

이번 단원에서는

❶ 키네마스터로 편집한 영상을 갤러리에 파일로 저장해요.

❷ 스마트폰으로 내 유튜브 채널에 영상을 업로드해요.

❸ 업로드하면서 쓸 수 있는 유튜브 앱의 기능을 알아봐요.

앞서 우리는 스마트폰 영상 편집 앱인 '키네마스터'를 다뤄봤습니다. 간단한 조작법을 익히고 내가 찍은 사진들을 모아서 영상도 편집해봤습니다. 사진의 길이를 조절하거나, 다음 사진으로 넘어갈 때 장면 전환 효과도 넣을 수 있습니다. 그럼 이제 내가 편집한 영상을 파일로 저장해서 내 갤러리에 저장하고, 이 동영상을 내 유튜브 채널에 올려봅시다.

영상 파일로 저장하기

01 키네마스터 앱을 실행합니다. 그럼 처음 보이는 화면이 조금 달라진 것을 알 수 있습니다. 가장 처음 키네마스터 앱을 설치했을 때는 화면 하단에 빈 공간이 있었습니다. 그런데 우리가 영상 편집 프로젝트를 만들었기 때문에 아래쪽에 프로젝트 파일이 생성된 것을 알 수 있습니다. 해당 화면에서 내가 만든 프로젝트를 터치합니다.

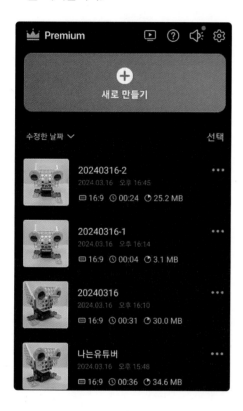

02 그러면 영상을 편집하는 화면이 나타납니다. 해당 화면의 가장 오른쪽 상단에 있는 [내보내기 및 공유] 아이콘을 터치합니다.

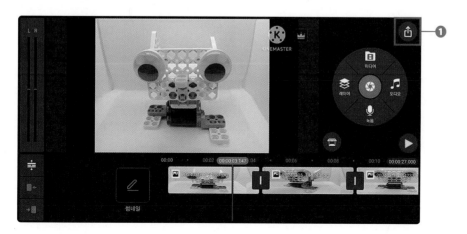

03 그럼 아래 화면이 나타납니다. 여기서 우리는 내보낼 영상의 해상도, 프레임레이트, 비트레이트 값을 설정할 수 있습니다.

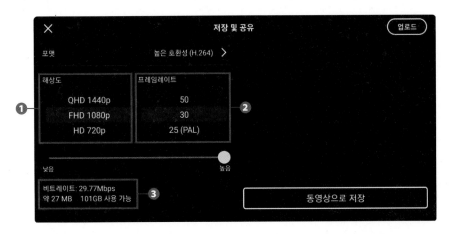

❶ **해상도** : 화면에 표현된 그림이나 글씨의 정교한 정도를 나타내는 말입니다. 비슷한 의미를 가진 단어로 '화질'이 있습니다. 해상도의 숫자가 높을수록 동영상이 더 선명하게 잘 보입니다.

❷ **프레임레이트** : 영상은 연속된 이미지를 차례로 보여주는 겁니다. 1초당 몇 개의 이미지를 보이는지가 프레임레이트입니다. 프레임레이트가 30이면 1초에 30개의 이미지가 보인다는 뜻입니다. 프레임레이트값이 높을수록 움직임이 더 자연스럽게 보입니다.

❸ **비트레이트** : 1초에 얼마나 많은 영상 정보를 가졌는지 나타내는 값입니다. 비트레이트가 높으면 높을수록 많은 정보를 담을 수 있어서 영상의 화질이 좋아지는 대신 동영상의 용량이 커집니다.

04 유튜브는 업로드할 동영상 최소 해상도의 기준을 정해놓지는 않았지만 16:9 영상비인 동영상의 경우 1280×720의 해상도, 즉 720p 이상의 해상도를 권장합니다. 우선 [해상도]는 'FHD 1080p', [프레임레이트]는 '30', [비트레이트]는 '높음'으로 설정하고, [동영상으로 저장]을 터치합니다.

🔔 **TIP**

무료 버전일 경우 이 과정에서 광고나 유료 결제 화면이 나타날 수도 있습니다.

05 내보내기가 완료되면 화면 우측에 내가 만든 동영상 파일의 목록이 생성됩니다.

06 이제 내 스마트폰 갤러리로 들어가 봅시다. 'KineMaster'라는 폴더가 새롭게 생성되었습니다. 앞으로 키네마스터 앱을 통해 편집하고 내보내기 한 동영상 파일은 전부 [KineMaster] 폴더에 만들어지게 됩니다. [KineMaster] 폴더를 터치해서 들어가면 내가 내보내기 한 영상이 하나 들어있습니다.

KineMaster

07 내가 스마트폰으로 처음 만들어본 영상이 잘 만들어졌는지 처음부터 끝까지 한 번 시청해보세요. 그러면 만드는 중에는 찾지 못한 실수를 발견할 수도 있고, 바꾸고 싶은 부분이 보일 수도 있습니다.

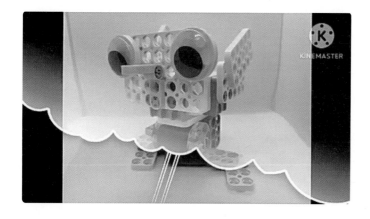

영상을 수정하고 싶다면 다시 키네마스터 앱을 실행하고 내가 편집했던 프로젝트에 들어갑니다. 프로젝트에서 원하는 부분을 수정하고 위에 했던 순서를 그대로 다시 진행하면 수정된 영상이 만들어집니다. 우리는 초보 크리에이터이니 처음부터 완벽한 영상을 기대할 수는 없겠죠. 조금씩 고쳐나가면서 영상의 품질을 높여 나갑시다.

02 유튜브에 영상 올리기 전 - 제목과 설명 작성

이제 유튜브 채널에 영상을 올려봅시다. 유튜브 앱을 실행하기 전에 먼저 정해야 할 것이 있습니다. 바로 '제목'과 '설명'입니다.

유튜브에서 보고 싶은 영상을 찾기 위해 검색해 본 적이 있나요? 예를 들어 '고양이'를 검색한다면, 귀여운 고양이의 모습을 담고 있는 영상이 잔뜩 나타납니다. 이 영상들의 공통점이 무엇인지 보이시나요? 바로 제목에 '고양이'라는 단어가 무조건 들어가 있다는 점입니다.

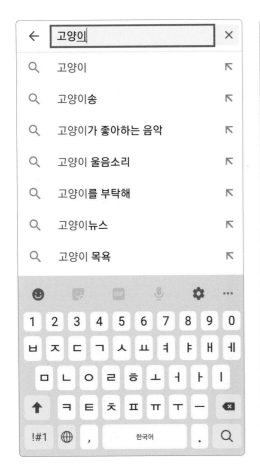 

그만큼 제목은 검색 결과에 많은 영향을 미칩니다. 이왕 열심히 만든 영상인데 다른 사람들에게 잘 검색되면 그만큼 조회 수도 많이 오를 겁니다. 지금부터 알려드리는 팁을 잘 참고해서 첫 영상의 제목과 설명을 멋지게 만들어 봅시다.

▶ 내 영상의 핵심 키워드를 찾는다

내가 만든 영상을 나타낼 수 있는 가장 대표적인 키워드가 있을 겁니다. 예를 들어, 여름휴가 때 제주도에 놀러 가서 찍은 영상들로 브이로그를 만들어서 올린다고 생각해 봅시다. 이 영상은 누가 시청하고 싶을까요? 여름휴가로 여행을 떠나고 싶은데 여행지를 고르지 못한 사람, 제주도에 가고 싶은데 일정을 어떻게 짜야 할지 고민하는 사람, 그리고 다른 사람들은 여름휴가를 어떻게 보내고 있는지 보고 싶은 사람에게 도움이 되겠죠?

핵심 키워드는 '여름휴가', '제주도', '여행', '브이로그'가 될 겁니다. 이렇듯 내가 만든 영상에서도 적절한 키워드를 찾아 아래에 적어보세요.

내 영상의 핵심 키워드

▶ 키워드가 포함된 제목을 만든다

키워드가 포함된 제목을 한번 적어보세요. 제목에 키워드가 포함돼야 검색할 때 유리하다고 해서 키워드를 제목에 덕지덕지 쓰는 방법은 오히려 역효과를 낼 수 있습니다. 내 영상과 어울리는 키워드 1~2개 정도가 적합합니다.

🔔 TIP

유사 콘텐츠의 유명 유튜버 영상 제목을 참고하세요

만약 내가 올릴 영상이 먹방이라고 한다면 '먹방'을 검색해서 구독자가 많은 유튜버 채널에 들어갑니다. 유명 유튜버는 지금까지 영상을 많이 올렸기 때문에 그만큼 제목을 정하는 것도 노하우가 있습니다. 유명 유튜버가 올린 영상들의 제목을 보고 내 영상 제목을 정하는 데 참고합시다. 단, 제목을 그대로 똑같이 따라하면 안 됩니다. 어디까지나 참고만 합시다.

먹방 유튜버 '나름TV'　　　　　　먹방 유튜버 '입짧은햇님'

▶ 앞서 찾은 키워드를 활용해 설명을 적는다

제목은 100자밖에 못 쓰지만, 설명은 5,000자나 쓸 수 있습니다. 찾았지만 제목에 쓰지 않은 키워드가 설명글에 자연스럽게 등장하도록 해보세요. 설명도 검색에 영향을 미치므로 사용하지 못한 키워드를 여기에서 활용할 수 있습니다. 이곳에는 본인의 다른 영상 링크를 넣는 등으로 활용할 수 있습니다. 이 부분은 나중에 다시 다루겠습니다. 자, 설명을 적어보세요.

_____

_____

_____

_____

_____

03 유튜브에 영상 올리기

01 내 채널 화면으로 들어가서 [채널 보기]를 터치하고 화면 아래에 [만들기]를 터치합니다. 만들기 화면의 항목 중 [동영상 업로드]를 터치한 후 내가 원하는 영상을 선택합니다.

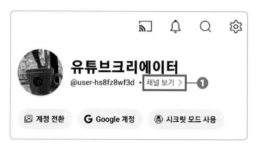

02 영상이 화면에 표시되면 [다음]을 터치하고 사운드, 텍스트, 필터 등을 적용해 영상을 멋지게 만들어 봅니다.

03 영상 편집이 모두 완료된 후 '세부정보 추가'에서 제목, 공개여부 등을 설정해주고 [Shorts 동영상 업로드]를 터치하여 영상을 업로드 해봅니다.

04 업로드가 완료되어 '시청 준비 완료'라는 글자가 나타나면 영상 올리기가 성공한 것입니다. '채널 보기'의 [동영상 관리]를 터치하면 내가 올린 동영상들을 관리할 수 있습니다.

🔔 **TIP**

동영상 업로드 예약하기

다음 순서를 따라하면 내가 만든 동영상이나 쇼츠 영상을 나중에 게시하도록 예약할 수 있습니다.

① 유튜브 스튜디오(YouTube Studio)에 로그인하거나 유튜브(YouTube) 앱을 사용합니다.

② 만들기(+ 모양 버튼)를 터치하고 업로드할 동영상을 선택합니다.

③ 동영상 세부정보를 추가하는 화면에서 [공개 상태] 탭을 터치하고 [예약]을 누릅니다.

④ 동영상을 게시할 날짜와 시간을 설정합니다.

⑤ 세부정보 추가 화면으로 돌아와서 설정 내용을 확인하고 [Shorts 동영상 업로드] 또는 [동영상 업로드]를 터치합니다.

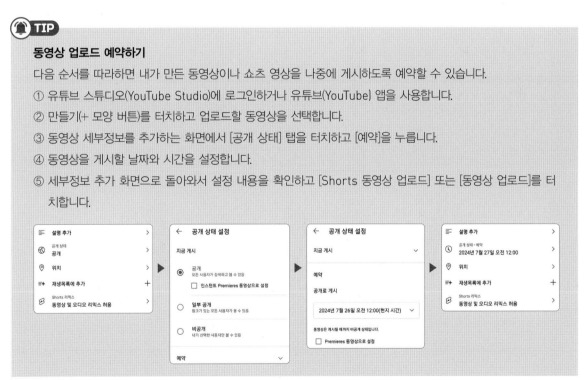

TIP

세계에서 조회 수가 가장 많은 유튜브 영상은?

유튜브 인기를 견인한 영상은 주로 뮤직비디오입니다. 우리에게 친숙한 아기상어 영어 버전이 1위, 싸이의 강남스타일이 6위입니다. 우리의 K-콘텐츠의 위상을 실감할 수 있게 해주는 자료라고 볼 수 있습니다.

순위	영상 이름	업로더 / 아티스트 (피처링)	조회수(억)	영상게시일
1.	"Baby Shark Dance"	핑크퐁	124	2016년 6월 17일
2.	"Despacito"	루이스 폰시(대디 양키)	78.4	2017년 1월 12일
3.	"Johny Johny Yes Papa"	LooLoo Kids	61.6	2016년 10월 8일
4.	"Shape of You"	에드 시런	56	2017년 1월 30일
5.	"See You Again"	위즈 칼리파(찰리 푸스)	54	2015년 4월 6일
6.	"강남스타일"	싸이	50	2012년 7월 15일
7.	"Learning Colors – Colorful Eggs on a Farm"	Miroshka TV	45.1	2018년 2월 27일
8.	"Masha and The Bear (Episode 17)"	Get Movies	44.7	2012년 1월 31일
9.	"Uptown Funk"	마크 론슨(브루노 마스)	44.2	2014년 11월 19일
10.	"Phonics Song with Two Words"	ChuChu TV	44.1	2014년 3월 6일
11.	"Bath Song"	Cocomelon – Nursery Rhymes	48.6	2018년 5월 2일
12.	"Sugar"	마룬 5	36.2	2015년 1월 14일
13.	"Roar"	케이티 페리	35.0	2013년 9월 5일
14.	"Sorry"	저스틴 비버	35.0	2015년 10월 22일
15.	"Thinking Out Loud"	에드 시런	33.8	2014년 10월 7일

자료출처 : 나무위키
기준 : 2021년 1월 15일

유튜브에 영상 올릴 때 효과 넣기

우리는 이미 영상을 올렸지만, 업로드하는 도중에 유튜브에서 제공하는 다양한 기능을 사용할 수 있습니다. 이 기능을 사용해서 영상을 조금 더 발전시켜 봅시다.

영상 미리 보기 화면을 자세히 보면 [음표] 아이콘과 [요술봉] 아이콘, 그리고 아래의 막대 바가 있는데 이 그림들은 각각의 기능을 가지고 있습니다. 하나씩 알아봅시다.

▶ 배경 음악 넣기

01 [음표] 아이콘(♫)은 영상에 배경 음악을 삽입할 수 있는 기능입니다. 아이콘을 터치하면 유튜브에서 제공하는 무료 음원 목록이 화면에 나타납니다. 추천해주는 노래 중에서 고르거나, [장르 및 기분] 탭에서 제공하는 다양한 상황별 음악에서 골라도 됩니다.

02 영상에 적절한 음악 하나만 들어가도 완전히 다르게 느껴집니다. 예를 들어, 만약 내 영상의 분위기가 행복하다면 행복한 노래를 추가해보는 건 어떨까요? [행복]을 터치하면 그 단어와 어울리는 노래 목록이 나타납니다. 마음에 드는 노래를 자유롭게 추가해 보세요.

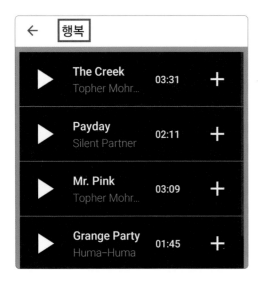
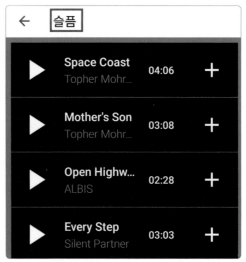

03 음악을 선택하면 자르기 막대 아래에 새로운 막대가 한 줄 생깁니다. 그 막대는 추가한 음악이 내 영상에서 어느 부분에서 재생될지 조절하는 막대입니다. 예를 들어, 내 영상의 길이가 음악보다 더 짧다면, 음악 중에서 특정 부분을 사용할 수 있습니다. 이 기능은 키네마스터에서도 제공되는 기능이니 나중에 좀 더 자세히 다루겠습니다.

▶ 영상 자르기

영상 미리 보기 화면 아래에 타임라인이랑 비슷한 막대와 동그라미 두 개가 있습니다. 동그라미 부분을 손가락으로 누른 채로 좌우로 움직이면 영상의 시간을 조절할 수 있습니다. 꾹 누르고 있으면 막대 바의 시간 부분이 확대되니 조금 더 세밀한 작업이 필요할 때 활용해 보세요.

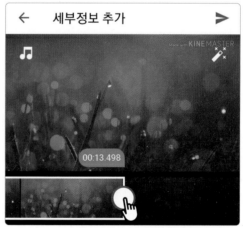

꾹~ 누르면 막대 바가 확대되어
좀 더 세밀한 작업을 할 수 있습니다.

▶ 필터 씌우기

오른쪽 위의 [요술봉] 아이콘(🪄)은 영상에 필터 씌우기 기능을 제공합니다. 색상을 보정하거나 재미있는 효과를 내는 필터도 있습니다. 한번 사용해 보세요.

 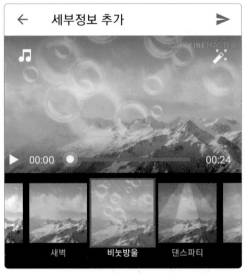

TIP

유튜브에서 아동 안전

유튜브에서는 미성년자의 정서 및 신체적 건강을 위협하는 콘텐츠는 허용되지 않습니다. 우리나라에서 미성년자는 만 18세 미만을 말합니다.

⚠ 미성년자의 성적 대상화

⚠ 미성년자와 관련된 유해하거나 위험한 행위

⚠ 미성년자의 정신적 고통 유발

⚠ 오해를 일으키는 가족용 콘텐츠

⚠ 미성년자에 대한 사이버 폭력 및 괴롭힘

아동이 등장하는 경우 댓글, 실시간 스트리밍, 실시간 채팅 등 일부 기능이 채널 단위에서 사용 중지될 수 있습니다. 학생 유튜버를 목표로 한다면 이 점을 유의하여 콘텐츠를 업로드합시다.

초등학생 유튜버 띠예

PART 05

자기소개 영상 만들기

이번 단원에서는

❶ 스마트폰으로 영상을 촬영해봐요.

❷ 내가 촬영한 영상을 영상 편집 앱으로 편집해봐요.

이 책을 처음 펼쳤을 때 아무것도 할 줄 몰랐던 우리의 모습을 기억하나요? 크리에이터라는 말을 마냥 어렵게 느꼈죠. 첫 페이지부터 한 장 한 장 넘겨 여기까지 온 여러분은 내 유튜브 채널을 만들었고, 스마트폰으로 열심히 만든 첫 영상을 내 유튜브 채널에 업로드했습니다. 당당하게 크리에이터로서의 첫발을 내디딘 겁니다. 이제부터는 내 콘텐츠의 질을 높여야 할 차례입니다. 이번엔 사진 대신 직접 영상을 촬영해서 편집해볼 겁니다. 영상이라고 해서 사진과 다르지 않으니 걱정하지 마세요.

이번에 만들어볼 영상은 자기소개 영상입니다. '내가 누구인지', '내 채널은 어떤 채널인지', '앞으로 어떤 영상을 올릴 건지' 등의 이야기를 담은 영상입니다. 이런 소개 영상이 있으면 사람들이 내 유튜브 채널에 대한 정보를 더 쉽게 얻을 수 있습니다. 어떤 크리에이터인지 알아야 구독을 누를 확률도 올라가겠죠?

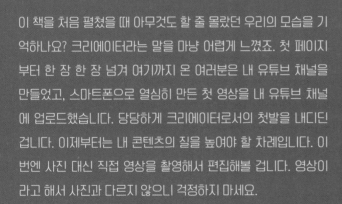

유튜버 지근 자기소개 & 유튜브 채널소개 [2분 자기소개 영상] -..
지근
6개월 전 · 조회수 1.2천회

우주쏘녀 자기소개 및 유튜브 소개
spacegirl우주쏘녀
4년 전 · 조회수 2.7만회

[바라던 바다] 일상 채널 오픈 🌊 열아홉 대학생 자기소개 &...
바라던 바다 BADACHA...
2년 전 · 조회수 33만회

초보 유튜버에서 프로 크리에이터로 거듭나기 | 재생목록과..
유튜브랩 Youtubelab
10개월 전 · 조회수 1만회

Hey guys! 김수민입니다🖤 자기소개 & 채널소개 .
김수민 sookim
4개월 전 · 조회수 8만회

01 다양한 자기소개

자기소개를 해 본 경험은 다 있을 겁니다. 예를 들어, 새로운 학년이 시작되어 새로운 친구들을 만나면 자기소개를 하게 됩니다. 그런데 어떤 상황에서 자기소개를 하느냐에 따라 나눌 내용이 달라집니다. 그렇다면 유튜브 채널에서는 어떤 자기소개를 하면 좋을까요? 생각해서 아래에 기록해 봅시다.

새로운 학기의 시작

장소 : 학교

듣는 대상 : 처음 만난 같은 반 친구들

목적 : 이름과 취미, 좋아하는 것 등 간단한 정보를 전달

취업을 위한 면접

장소 : 면접 장소

듣는 대상 : 회사 면접관

목적 : 이 회사에 어울리는 사람임을 적극적으로 어필

자기소개

장소 : 내 유튜브 채널

듣는 대상 : _____

목적 : _____

_____

_____

_____

대본을 써보자

TV 드라마나, 연극에서 등장인물이 길고 어려운 대사를 할 때가 있습니다. 배우들은 어려운 대사를 틀리지 않고 멋지게 말합니다. 어떻게 그럴 수 있을까요?

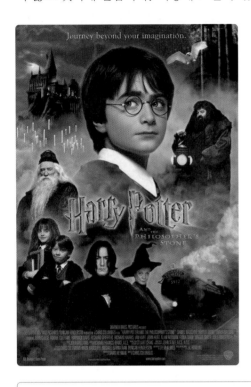

<해리포터 마법사의 돌 영화의 일부 장면>

도서관에서 무언가를 열심히 찾고 있는 해리와 론에게 헤르미온느가 다가가고 있다.

헤르미온느	(크고 두꺼운 책을 책상 위에 내려놓으며) 엉뚱한 곳만 뒤졌던 거야. 왜 그렇게 바보 같았지? 심심풀이로 읽으려고 몇 주 전에 대출한 책이야.
론	이걸 심심풀이로?
헤르미온느	(론을 째려본다) 마법사의 돌을 만든 사람 중 니콜라스 플라멜만 알려졌어. '영생을 가져다주는 영약을 만들 수도 있다', '그는 작년에 665세 생일을 맞은 유명한 연금술사이다'
론	영생?
헤르미온느	영원히 사는 거 말이야
론	그건 나도 알아
헤르미온느	3층에서 플러피가 지키는 지하실 문 아래에 있는 건 마법사의 돌이라고!

그건 대본에 따라 미리 연습하기 때문입니다. 발표하기 전에 내가 어떤 말을 할지 미리 적어본 적이 있나요? 생각을 바로 말로 옮기면 말하려고 했던 내용을 빠트릴 수도 있고 말이 꼬일 수도 있습니다. 이때 말할 내용을 적어보면 머릿속이 정리되면서 말실수를 줄일 수 있습니다. 자기소개도 이와 같습니다. 내가 말하고 싶은 내용을 정리해 대본을 먼저 만들고 연습하면 훨씬 멋진 자기소개를 할 수 있습니다.

▶ 다른 유튜버 자기소개 영상을 보며 무얼 배울지 파악한다

☁ 닉네임, 채널 이름의 뜻 설명

유튜브에서 닉네임과 채널명은 내 이름과도 같습니다. 닉네임을 말하면서 왜 이 닉네임을 하게 되었는지, 채널명은 왜 이렇게 했는지 간단하게 설명합시다. 채널 이름을 한눈에 알아보기 쉽게 만들었다면 따로 설명이 필요 없을 수도 있습니다. 그렇다면 이 채널을 만들게 된 계기를 간단하게 설명하는 것도 좋습니다.

☁ 앞으로 올릴 콘텐츠에 대한 소개

소개 영상을 보는 사람이 가장 궁금한 점은 이 채널에 앞으로 어떤 콘텐츠가 올라올지 입니다. 유용한 정보를 주는지 혹은 재미를 주는지 등 이 채널이 나에게 도움이 되는지 확인하고, 마음에 든다면 '구독' 버튼을 누를 겁니다. 이때 시청자와 일종의 약속을 하게 됩니다. 즉 '내가 이런 콘텐츠를 만들어서 계속 올릴 테니 내 채널에 계속 와주세요.'라는 식이죠. 단, 꼭 지킬 수 있는 약속을 하는 것이 좋습니다.

▶ 자기소개 영상용 대본을 써본다

영상을 찍기 전에 내가 하고 싶은 말을 정리해서 적어 봅시다. 여기에 글씨로 써도 좋고, 타이핑에 익숙하다면 컴퓨터에서 작성해도 좋습니다.

주의할 점!

생각을 정리하기 위해 대본을 쓰는 건 좋은데, 내가 평소에 말하지 않는 단어를 쓰면 부자연스럽습니다. 그러니 대본을 쓴 다음에는 반드시 소리를 내서 읽어보세요. 읽으면서 어색하다면 다른 단어로 바꿔보세요. 이 과정을 여러 번 반복하면서 대본을 완성합니다.

03 자기소개 영상 촬영 준비

대본이 준비됐으면 영상을 찍을 차례입니다. 촬영을 위해 어떤 준비를 해야 하는지 알아봅시다. 자기소개 영상은 보통 카메라를 세워두고 내 얼굴이 보이게 촬영을 하는 경우가 많습니다. 비교적 카메라의 움직임이 없어 촬영이 쉬운 편이지만, 처음 영상 촬영이니 아래의 내용을 따라서 해봅시다. 지금 잘 기억해 두면 앞으로 두고두고 도움이 될 겁니다.

▶ 세로 화면보다는 가로 화면으로

유튜브에서 기본적으로 제공하는 화면 비율은 16:9 가로 화면입니다. 영상 대부분이 가로 화면으로 제작되어있고 영상을 보는 사람도 가로 화면에 익숙합니다. 가급적 가로 화면으로 촬영합니다.

▶ 전면 카메라 대신 화질이 좋은 후면 카메라로

대부분 스마트폰은 스마트폰 액정 위에 있는 전면 카메라보다 뒷면에 있는 후면 카메라의 화질이 더 좋습니다. 또 자기소개 영상 촬영 중에는 스마트폰에 비친 내 모습을 안 보는 게 더 자연스러울 수 있습니다. 화질이 좋은 후면 카메라로 영상을 찍읍시다.

▶ 촬영장소 찾아보기

사진과 영상을 찍을 때 가장 중요한 요소는 빛입니다. 야외에서 찍을 땐 그늘진 곳보다 해가 잘 드는 곳에서 찍어야 결과물이 더 잘 나옵니다. 주의할 점은 역광으로 찍지 않도록 하는 겁니다. 즉 카메라가 해의 방향을 바라보고 찍으면 찍고자 하는 물체는 검게, 배경은 밝게 나타납니다. 그러니 밝은 곳에서 해를 등지고 촬영합시다.

또한, 배경도 괜찮은 장소를 찾아봅시다. 밝은 야외도 좋고, 내 유튜브 채널의 주제를 나타낼 수 있는 배경이 있다면 더 좋습니다. 그리고 촬영장소 주변이 시끄럽진 않은지 확인하세요.

정광

역광

▶ 스마트폰 고정하기

나 혼자 자기소개 영상을 찍으려면 스마트폰을 어딘가에 고정해 놓아야 합니다. 삼각대나 거치대를 활용하는 것이 좋지만 꼭 있어야 하는 건 아닙니다. 책이나 다른 물건으로 스마트폰을 고정해도 되니까요. 카메라가 흔들리지 않게만 하면 됩니다.

또한, 자기소개할 위치를 파악해서 스마트폰을 고정해야 합니다. 어디에 놓아야 화면에 내 얼굴과 상반신이 적당한 크기로 잘 나올지 고민해 보세요.

삼각대 이용 모습

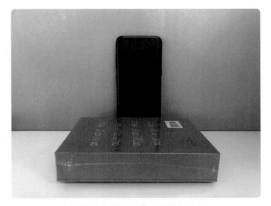
상자로 스마트폰을 고정한 모습

테스트 촬영하기

준비됐다면 테스트 촬영을 합니다. 스마트폰에서 영상 녹화 버튼을 누르고, 자기소개를 하기로 한 위치로 간 다음 아무 말이나 해 봅니다. 대본의 첫 구절이나 "안녕하세요." 정도면 좋겠죠. 이제 다시 스마트폰으로 돌아가서 영상 녹화를 종료하세요. 방금 촬영한 영상을 실행해 봅니다. 생각한 대로 적절한 위치에 내 모습이 나오나요? 화면이 비뚤어지지는 않았는지, 너무 크거나 작게 나오지는 않는지 확인합니다. 또한 목소리의 크기가 적당한지 확인하세요.

촬영한 테스트 영상에 따라 스마트폰의 거리, 각도를 조절합니다. 몇 번을 반복해서 최적의 위치, 최적의 각도를 찾으세요. 처음에는 시간이 걸리겠지만, 익숙해지면 어떤 거리, 각도가 좋은지 금방 찾을 수 있게 됩니다.

🔔TIP

다양한 카메라 앱

기본 카메라 외에도 영상 촬영 가능한 카메라 앱이 많습니다. 대부분 촬영 시간에 제한이 있지만 다양한 필터와 효과가 가득하니 잘 활용하면 멋지고 귀여운 영상을 만들 수 있어요.

 카메라360(Camera360)
3D 퍼니 스티커 기능 제공으로 사진과 영상 촬영을 더 재미있게 만들 수 있습니다. 최근 업데이트로 영상 업로드 커뮤니티인 챌린지 기능이 추가되었습니다.

 푸디(Foodie)
음식에 최적화된 전문 카메라 앱입니다.

 소다(SODA)
카메라 앱의 떠오르는 샛별. 셀프 촬영에 최적화된 완벽한 뷰티 효과와 다양한 색감의 필터가 강점입니다.

 스노우(SNOW)
전 세계 2억 명이 사용하는 인기 카메라 앱. 수천 가지의 다양한 스티커와 감각적인 효과 필터를 제공합니다.

 B612
귀여운 동물 스티커부터 재미있는 반전 스티커까지 다양한 얼굴 합성 기능을 제공합니다.

자기소개 영상 촬영하기

이제 본격적인 촬영에 들어갑시다. 대본을 다시 처음부터 끝까지 읽어 봅니다. 대사를 다 외워서 한 번에 촬영을 끝내도 좋지만, 반드시 그러지 않아도 됩니다. 중간마다 대본을 보면서 나눠서 대사한 다음, 불필요한 부분은 편집에서 잘라내면 되니까요.

❶ 스마트폰의 [녹화] 버튼을 터치합니다.

❷ 미리 정한 위치로 이동합니다. 서둘러 이동하지 않아도 됩니다. 영상의 앞부분을 잘라내면 되니까요.

❸ 숨을 고른 다음 자기소개를 시작합니다. 스마트폰 카메라를 응시하고 자연스럽게 말하세요.

❹ 대사를 잊었으면 당황하지 말고, 대본을 봅니다. 실수한 문장부터 다시 말하기를 시작합니다. 실수한 문장, 대본을 보는 장면 등은 편집으로 잘라낼 겁니다. 말이 꼬였거나 어색하다고 느끼면 그 부분을 만족스러울 때까지 반복하세요.

❺ 이런 식으로 대본의 끝까지 진행합니다.

❻ 스마트폰의 [녹화 종료] 버튼을 터치합니다.

촬영한 영상을 보세요. 잘라낼 부분은 고려하지 말고, 내가 사용할 부분만 보면 됩니다. 만족스러운가요? 그럼 바로 편집으로 넘어가면 되고, 만족스럽지 않다면 재촬영을 합니다.

자기소개 영상 편집하기

01 촬영을 다 마쳤나요? 그럼 이제 편집을 해봅시다. 키네마스터 앱으로 들어가서 새로운 프로젝트를 만들어주세요.

02 새로운 프로젝트가 생성되었습니다. [미디어 브라우저]에서 내가 촬영한 영상 하나를 타임라인으로 불러옵니다.

▶ 불필요한 부분 잘라내기

01 편집하고 싶은 영상을 손으로 살짝 터치하면 노란색 테두리가 생기면서 오른쪽에 여러 가지 아이콘이 보입니다. 여기서 [가위 모양] 아이콘을 터치합니다.

02 영상의 길이를 조절할 수 있는 기능 4가지가 나타납니다. 플레이 헤드를 기준으로 영상을 절단하거나 잘라낼 수 있는 기능인데요. 혹시 기억이 나지 않는다면 PART 03으로 잠시 돌아가서 '사진 자르기' 설명을 읽고 돌아옵시다.

내가 찍은 영상에서 말하고 있는 부분 이외에 필요 없는 부분은 잘라내서 깔끔한 영상을 만들어 봅니다. 촬영했던 영상에서 처음과 마지막에 촬영 위치로 이동하고 돌아오는 부분, 실수한 부분, 대본을 읽고 있는 부분 등을 잘라서 삭제합니다.

▶ 음량 조절하기

01 원본 영상의 소리가 너무 크면 소리를 조절할 필요가 있습니다. 크기를 키우거나 줄일 수 있고, 소리를 아예 없앨 수도 있습니다. 음량을 조절하고 싶은 영상을 선택하고 [스피커 모양] 아이콘을 터치합니다.

02 이곳에서 오디오 관련 설정을 할 수 있습니다. 가장 왼편에 있는 막대가 볼륨을 조절할 수 있는 막대입니다. [100%]라고 적힌 부분을 누른 후 위아래로 움직이며 영상을 볼륨을 조절하세요. 그리고 막대 위는 작은 스피커 모양 아이콘이 있는데요. 살짝 터치하면 아이콘이 붉은색으로 바뀌면서 금지선이 하나 그어집니다. 바로 음소거가 되었다는 표시인데요. 영상의 소리를 전부 없애고 싶을 땐 이 음소거 기능을 활용하세요.

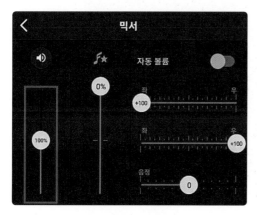

음량 조절하고 싶을 때

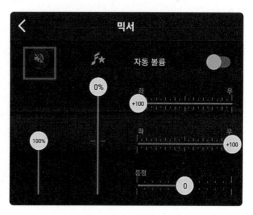

영상의 소리를 전부 없애고 싶을 때

06 내 얼굴 나오는 것이 부담스럽다면?

유튜브 채널에 내 얼굴을 공개하는 것이 부담스러울 수 있습니다. 그럴 때는 어떻게 하면 될까요? 앞으로 찍을 영상에 자신의 얼굴이 안 나오게 하는 건 어렵지만, 자기소개 영상 정도는 가능할지 모릅니다. 얼굴이 등장하지 않는 영상이나 그림을 보여주고, 목소리만 따로 녹음해서 편집하는 겁니다. 어떤 유튜버는 가면을 쓰고 등장하기도 합니다. 공작 활동, 요리 주제의 유튜버 중에는 이렇게 얼굴 없이 운영하는 사람도 있습니다.

키네마스터 앱을 실행한 다음, 내 얼굴 대신 보여줄 영상을 불러옵니다. 만약 내가 그림을 잘 그린다면 나를 나타내는 그림을 그려서 가져와도 좋습니다. 이 영상 또는 이미지에 자기소개 목소리를 입히는 겁니다.

01 영상 편집을 한 프로젝트로 들어갑니다. 화면 오른쪽에 [녹음] 아이콘이 보입니다. 해당 아이콘을 터치합니다.

02 녹음 준비 화면이 나타납니다. [시작] 버튼을 터치하면 플레이 헤드의 위치를 기준으로 녹음이 시작됩니다.

03 녹음이 시작됨과 동시에 영상도 재생됩니다. 내가 지금 녹음하는 말이 미리 보기 화면에 나타나는 영상에 그대로 추가된다고 생각하면 됩니다. 녹음을 멈추고 싶으면 [정지] 버튼을 터치하세요.

04 녹음을 멈추면 내 영상 파일 바로 밑에 보라색 막대가 생긴 걸 알 수 있습니다. 바로 방금 녹음된 음성 파일인데요. 이렇게 영상 위에 새로운 요소를 추가할 때마다 타임라인에는 층층이 막대가 추가됩니다. 전문 용어로 '레이어'라고 합니다.

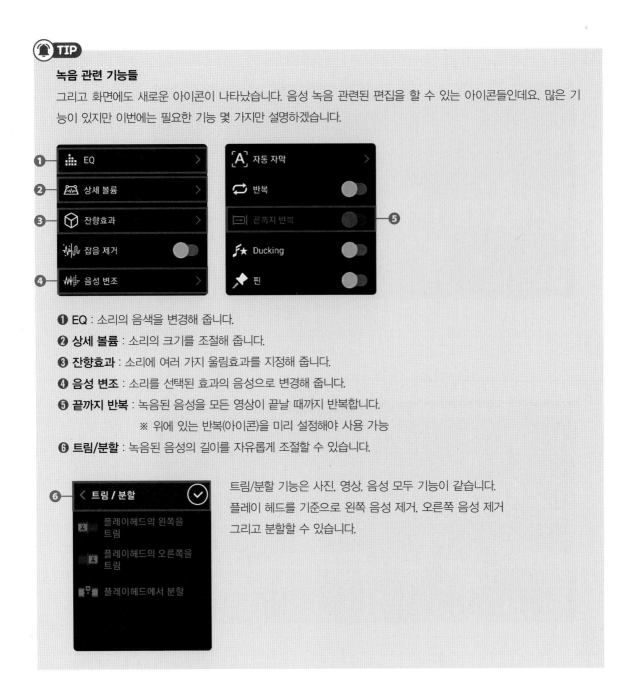

TIP

녹음 관련 기능들

그리고 화면에도 새로운 아이콘이 나타났습니다. 음성 녹음 관련된 편집을 할 수 있는 아이콘들인데요. 많은 기능이 있지만 이번에는 필요한 기능 몇 가지만 설명하겠습니다.

❶ **EQ** : 소리의 음색을 변경해 줍니다.

❷ **상세 볼륨** : 소리의 크기를 조절해 줍니다.

❸ **잔향효과** : 소리에 여러 가지 울림효과를 지정해 줍니다.

❹ **음성 변조** : 소리를 선택된 효과의 음성으로 변경해 줍니다.

❺ **끝까지 반복** : 녹음된 음성을 모든 영상이 끝날 때까지 반복합니다.

　　　　※ 위에 있는 반복(아이콘)을 미리 설정해야 사용 가능

❻ **트림/분할** : 녹음된 음성의 길이를 자유롭게 조절할 수 있습니다.

트림/분할 기능은 사진, 영상, 음성 모두 기능이 같습니다.
플레이 헤드를 기준으로 왼쪽 음성 제거, 오른쪽 음성 제거
그리고 분할할 수 있습니다.

다음 시간에는 영상 제작의 꽃이라고 할 수 있는 배경 음악 넣기와 자막 넣기를 배우게 됩니다. 아마 다음 장을 학습하면 음악과 자막이 영상에서 얼마나 중요한 부분인지 깨닫게 될 겁니다. 그럼 바로 PART 06으로 넘어가 볼까요?

TIP

미모지 vs AR 이모지

애플 아이폰을 쓰거나 삼성 갤럭시를 쓸 경우, AR 기술을 사용할 수 있습니다. 이 기술을 쓰면 촬영 영상에서 얼굴만 나를 닮은 캐릭터를 쓸 수 있어 얼굴 노출이 싫은 사람에게 유용합니다. 만약 지원하는 기기를 쓴다면 미모지, AR 이모지를 활용해 보세요.

출처 : 삼성 갤럭시 S9 광고 캡처

PART
06

배경 음악과 자막을 넣어보자

이번 단원에서는

❶ 영상에 자막을 추가해봐요.

❷ 영상에 배경 음악을 추가해봐요.

❸ 완성된 자기소개 영상을 채널에 업로드해봐요.

음악과 자막은 영상 편집의 꽃이라고 할 수 있습니다. TV 예능 프로그램을 보면 적절한 순간에 등장한 기발한 자막이 시청자에게 웃음을 줍니다. 뉴스나 다큐멘터리에서 자막은 정보를 더 정확히 파악할 수 있게 도와주기도 합니다. 예능 프로그램에서 자막이 없다고 상상해 보세요. 재미가 반감될 겁니다.

배경 음악은 영상에 몰입하도록 감성을 더해줍니다. 영상의 주제에 딱 맞는 음악은 때로는 신나는 기분을, 때로는 감동을 선사합니다. 영상을 한층 업그레이드해주는 배경 음악과 자막을 지금부터 배워봅시다.

01 자막이 필요한 순간

자막의 활용 방법은 무궁무진합니다. 똑같은 영상인데 자막 하나로 완전 다른 상황을 연출할 수도 있을 정도입니다. 그러나 막상 내 영상에 자막을 넣으려니 어디에 무슨 말을 넣어야 할지 막막합니다. 자막을 넣으면 좋은 상황을 몇 가지 소개하겠습니다. 이를 참고해서 앞서 만든 자기소개 영상에 자막을 넣어 봅시다.

▶ 등장인물의 감정이나, 속마음을 나타내고 싶을 때

영상 콘텐츠를 재미있게 만드는 것은 등장인물의 말과 행동이죠. 하지만 등장인물의 속마음은 딱히 표현하기 어렵습니다. 그럴 때 자막으로 속마음을 표현해주면 영상이 훨씬 풍부해지고 재미있어집니다.

▶ 장소가 바뀌거나 상황이 바뀌었을 때

장면이 바뀔 때 장면 전환 효과를 넣어주는 것처럼 새로운 상황이 발생했을 때 자막을 넣어주면 상황 전환이 훨씬 자연스럽습니다.

▶ 등장인물의 대사를 강조하고 싶은 경우

강조하고 싶은 대사가 있다면 자막으로 크게 넣어 보세요.

▶ 순서나 방법을 설명하는 경우

정보를 전달하거나 게임의 규칙 등 설명이 필요할 때
는 시청자가 이해하기 쉽도록 자막을 추가하면 도움이
됩니다.

▶ 행동을 강조하고 싶은 경우

의성어와 의태어를 활용해서 행동을 더욱 강조할 수
있습니다. 너무 놀라서 소리를 질렀을 때 '으악!', 불안
에 떨고 있는 경우는 '바들바들' 식으로 자막을 추가해
보세요.

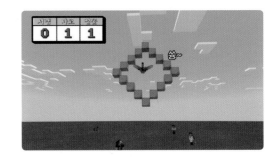

▶ 시청자의 시선을 끌고 싶은 경우

등장인물이 어떤 행동을 했는데 화면에서는 잘 보이지
않을 수 있죠. 그럴 때 시청자의 시선을 끌기 위해 자막
을 추가하기도 합니다.

02 영상에 자막 넣기

01 언제 자막을 넣으면 좋은지 배웠으니 본격적으로 자막을 넣어 봅시다! 키네마스터 앱을 실행하고 앞선 PART 05에서 만든 프로젝트에 들어갑시다. 화면 오른편의 [레이어] 아이콘을 터치하면 5가지의 기능이 나타납니다. 자막 넣기는 [텍스트] 아이콘으로 할 수 있습니다. [텍스트] 아이콘을 터치해 보세요.

02 그러면 바로 글자를 입력할 수 있는 화면이 나타납니다. 자막으로 넣고 싶은 단어나 문장을 입력하고 [확인] 버튼을 터치합니다.

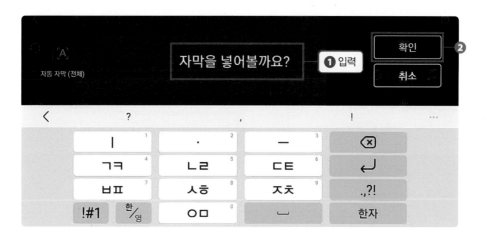

03 짠! 미리 보기 화면에 자막이 생겼습니다.

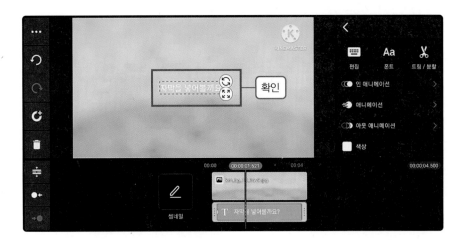

▶ 자막 위치 조정하기

자막 상자의 중앙을 누른 상태로 드래그하면 위치를 옮길 수 있습니다. 가장 적절한 위치로 자막을 옮겨
보세요.

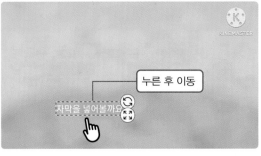

▶ 자막 크기와 기울기 조정하기

자막 상자 오른쪽에 2가지 화살표가 보이나요? 그중 아래에 있는 화살표를 꾹 누른 채 화면 바깥쪽으로
드래그해 보세요. 자막의 크기를 조절할 수 있습니다.

위에 있는 둥근 화살표를 꾹 누르고 위아래로 움직여보세요. 자막을 자유롭게 회전시킬 수 있습니다. 위아래로 움직이다 보면 자막 가운데에 붉은색 선이 생기는 경우가 있습니다. 붉은 선에 기울기를 맞추면 정확히 수평, 수직이 됩니다.

 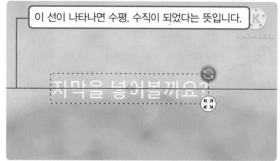

▶ 자막이 나오는 길이 조정하기

영상에서는 적절한 순간에 자막이 나왔다가, 적절한 순간에 자막이 사라져야 합니다. 자막이 언제 등장해서 사라질지는 타임라인에서 조정할 수 있습니다. 자막 바의 가운데를 손으로 꾹 눌러서 원하는 위치로 이동시켜보세요.

자막이 나타나는 시간을 조절하고 싶다면 자막 바를 살짝 누른 다음에 막대의 양옆에 생긴 노란색 부분을 누르고 좌우로 움직여서 조절하면 됩니다. 사진 및 영상을 편집할 때 사용했던 것처럼 트림/분할 기능을 활용할 수도 있습니다.

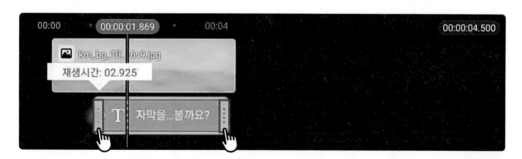

PART 05에서 만든 자기소개 영상에 자막을 넣어 봅시다. PART 05에서 만든 대본이 자막을 넣을 때 참고 자료가 될 겁니다. 모든 장면에 자막을 넣는 것보다 적절한 순간에 들어가는 것이 더 효과적이니 언제 넣으면 좋을지 생각해서 넣어 보세요.

03 자막 폼 나게 꾸미기

자막을 넣어 봤나요? 그런데 자막의 글씨체 등이 더 예뻤으면 좋겠다는 생각이 들지 모릅니다. 기본 자막은 기본 흰색 글꼴에 검은색 그림자 효과가 들어간 형태입니다. 여기에서 글꼴, 그림자, 글로우, 윤곽선, 배경색, 애니메이션 효과 등을 바꿔 자막을 멋지게 꾸밀 수 있습니다. 이번에는 애니메이션 효과를 제외한 나머지 기능을 배워 봅시다.

▶ 글꼴 바꾸기

먼저 글꼴을 바꿔볼까요? 화면 오른쪽의 [Aa]를 터치하면 바꿀 수 있는 화면이 나타납니다. 여기에서 맘에 드는 글꼴을 선택하면 됩니다.

01 더 다양한 글꼴을 사용하고 싶다면, 에셋 스토어를 활용합니다. 키네마스터에서는 다양한 무료 글꼴을 제공합니다. 화면 오른쪽 위에 있는 [에셋 스토어] 아이콘을 터치해 보세요.

02 에셋 스토어에서 아래와 같이 다양한 글꼴을 만날 수 있습니다. [한국어] 탭에서 마음에 드는 글꼴을 찾아보세요.

자막으로 쓰면 좋을 만한 글꼴을 추천합니다. 취향에 따라 선택해 사용해 보세요.

03 사용하고 싶은 글꼴이 보이면, 해당 글꼴 상자를 터치한 후 [다운로드] 버튼을 터치합니다.

04 이전에 기본 글꼴만 있던 화면에 방금 다운로드한 글꼴이 생성됩니다. 여기서 원하는 폰트를 선택하면 자막에 바로 적용됩니다.

'bold'는 두껍게 효과가 적용된 글꼴이라는 의미입니다.

05 아래는 '넥슨 메이플스토리'를 적용한 자막입니다. 이렇게 에셋 스토어에서 다양한 폰트를 다운로드 해서 자막에 적용해 보세요.

▶ 글자색 바꾸기

자막의 글자색을 바꿀 수 있습니다. 오른쪽의 네모를 터치하면 색상 팔레트가 나타납니다. 원하는 색깔로 글자색을 바꿔보세요.

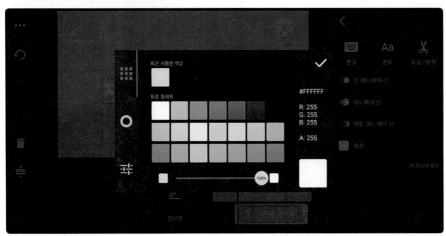

▶ 윤곽선 효과

다른 효과를 적용해 봅시다. 메뉴를 아래로 스크롤하면 다양한 효과들이 나타납니다. [윤곽선]을 선택하세요. 자막에 윤곽선 효과를 적용하면 글자 주위에 얇은 테두리를 둘러줍니다. 더 또렷하게 보이는 효과가 있습니다. 윤곽선의 색상도 자유롭게 설정할 수 있습니다.

[Enable] 옆에 있는 옵션을 켜세요.

[Enable] 아래 [검은색 정사각형] 부분을 터치하면 윤곽선의 색을 바꿀 수 있습니다. 흰색으로 바꿔볼까요?

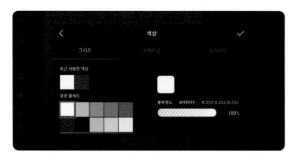 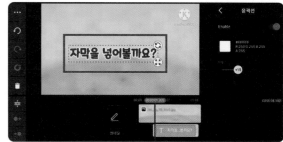

▶ 그림자 효과

자막에 그림자를 적용하여 글자에 입체감을 줄 수 있습니다. 배경색, 글자색과 대비되는 보색을 사용하면 더욱 선명한 입체감을 줄 수 있습니다.

▶ 글로우 효과

글로우(glow)란 '빛나다, 빛을 내다'를 의미입니다. 글로우 효과를 적용하면 글자 주변에 희미하게 빛이 납니다. 글로우 효과를 적용해 봅니다.

▶ 자막 배경 효과

글자 뒤에 배경을 추가할 수 있습니다. 배경이 너무 어지러워서 자막이 잘 보이지 않을 때에 사용하면 좋습니다. 배경색도 자유롭게 설정할 수 있습니다.

배경색 아래에는 [화면 폭에 맞추기] 설정을 켤 수 있습니다. 오른쪽 이미지처럼 화면 좌우 끝까지 배경을 채워줍니다. 이 설정을 켜면 자막이 명확하게 보입니다.

영상에 배경 음악 넣기

이제 영상에 배경 음악을 추가하는 방법을 배워봅시다. PART 04에서 유튜브 앱을 사용해 배경 음악을 넣는 방법을 알아봤지만, 이보다는 영상 자체에 배경 음악을 넣는 것이 훨씬 더 좋습니다. 이렇게 영상 자체에 배경 음악이 들어 있어야 유튜브 외에 다른 곳에서도 사용할 수 있으니까요.

▶ 음악 고르기

01 음표 모양의 [오디오] 아이콘을 터치합니다.

02 [음악], [짧은 음악], [효과음], [녹음], [곡] 등의 메뉴가 보입니다. [음악]을 터치합니다. 화면 가운데의 [음악 에셋 받기] 버튼을 터치하여 에셋 스토어로 들어갑니다.

03 에셋 스토어의 음악 카테고리로 들어갑니다. 배경 음악 목록이 나타납니다. 'Premium' 왕관이 있는 음악은 유료 버전을 구독한 사용자만 다운로드할 수 있습니다. 이 외에는 모든 사용자가 쓸 수있는 음원입니다. 모든 음악은 미리 들어볼 수 있으니 들어보고 맘에 드는 음악을 골라보세요.

04 맘에 드는 음악을 골랐나요? 그럼 [다운로드] 아이콘을 터치하여 음악을 다운로드합니다.

다운로드한 모습

05 내 오디오 목록에 음악이 추가됐습니다. 영상에 추가할 음악을 터치한 다음 [+] 아이콘을 터치하면 내가 편집하고 있던 프로젝트에 음악이 들어갑니다.

▶ 음악이 나오는 길이 조절하기

01 내가 편집하고 있던 프로젝트의 타임라인에 배경 음악이 추가되었습니다! 배경 음악도 자막이나 영상과 같이 언제 음악이 시작돼서 언제 끝날지 조절할 수 있습니다.

02 배경 음악의 음량을 조절하고 싶다면 [스피커 모양] 아이콘을 터치하세요. 오른쪽 이미지와 같이 오디오 조절 화면이 나타납니다. 막대를 위아래로 움직이면 음량을 조절할 수 있습니다.

 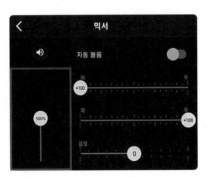

🔔 TIP

유튜브의 자동 음량 조절 기능

만약 내가 유튜브 광고주라면 내 광고 영상의 음량을 아주 크게 하고 싶을 겁니다. 사람들이 주목하도록 말이죠. 그러나 시청자로서는 만약 이런 광고가 중간에 툭 튀어나온다면 깜짝 놀라 불쾌할 겁니다. 그래서 유튜브에는 음량을 자동으로 조절해주는 기능이 있습니다. 예를 들어 너무 시끄러운 광고 영상은 음량을 줄이고, 너무 소리가 작게 녹음된 영상은 음량을 높여주는 식입니다.

그러니 우리가 영상을 만들 때 음량에 너무 신경을 쓰지 않아도 괜찮습니다. 다만 음량이 너무 크거나 작아서 불편함을 느끼지 않을 정도면 됩니다.

▶ 한 영상에 2개 이상의 음악 넣기

영상에 한 가지 음악이 쓰이는 경우는 많지 않습니다. 상황별로 어울리는 음악을 여러 개 쓰게 됩니다. 2개 이상의 음악을 쓰려면 어떻게 해야 할지 알아봅시다.

01 [오디오] 아이콘을 터치하여 오디오 브라우저로 들어갑니다. 음악 에셋에서 추가하고 싶은 음악은 선택하고 [+] 아이콘을 터치하세요. 음악이 없다면 에셋 스토어에서 원하는 음악을 하나 더 골라 다운로드하면 됩니다.

02 그러면 이렇게 타임라인에 새로운 음악이 추가된 것을 알 수 있습니다. 이대로 [재생] 버튼을 터치해 보세요. 아마 두 개의 음악이 겹쳐져 이상한 소리가 들릴 겁니다. 타임라인에서 음악의 위치를 옮기거나, 길이를 조절할 수 있습니다. 서로 겹치지 않도록 조정해 주세요. 사용하는 음악이 늘어나면 현재 타임라인이 너무 좁습니다. 그래서 오디오 작업을 할 때는 왼쪽 아래에서 첫 번째 아이콘을 터치하여 작업 공간을 넓게 만듭니다.

03 타임라인이 아래와 같이 확대되면서 편집하기가 쉬워졌습니다. 나중에 여러 가지 요소들이 들어간 영상을 편집할 때도 이 기능을 활용해 보세요. 이번에 배운 기능을 활용해서 음악의 위치와 길이를 수정하면 됩니다.

04 음악에서 겹쳐진 부분이 사라지면 아래와 같이 하나의 레이어로 합쳐지니 당황하지 마세요. 조절하다 다시 겹치는 부분이 생기면 저절로 다른 레이어로 분리됩니다.

05 키네마스터에서 유튜브로 영상 업로드하기

지난번 첫 영상을 유튜브에 올릴 때는 유튜브 앱을 활용했습니다. 파일을 저장한 다음, 유튜브 앱을 켜야 했지만, 키네마스터에서 직접 유튜브 앱을 호출할 수 있습니다.

01 아래는 내가 만든 영상을 파일로 저장할 때 봤던 화면입니다. [내보내기] 기능을 잘 모르겠다면 잠시 PART 04로 돌아가서 확인하고 오세요. 내보내기 완료된 영상이 오른쪽 목록에 생성되었습니다. 영상 이름 옆에 작은 아이콘이 3개 있는데요. 우리가 사용할 아이콘은 가운데의 [공유하기] 아이콘입니다. 터치하면, 공유하기가 가능한 다양한 앱이 나타나는데 여기에서 유튜브 앱을 선택합니다.

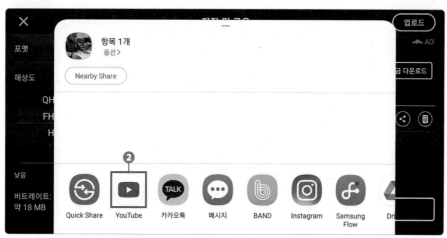

02 내보내기한 영상이 업로드되면서 세부 정보를 추가하는 화면이 바로 나타납니다. PART 04에서 배운 대로 제목, 설명을 추가해 업로드하면 됩니다. 이제 우리는 두 번째 영상을 내 채널에 올렸습니다. 첫 번째 올린 영상과 지금 영상을 비교해 봅시다. 대단히 많이 발전한 걸 한 눈에 알 수 있습니다. PART 07부터는 내가 정말 만들고 싶은 콘텐츠를 기획해서 만들고 운영하는 법을 배울 겁니다.

Memo

내가 만들고 싶은 콘텐츠는?

이번 단원에서는

❶ 내가 만들고 싶은 콘텐츠를 생각해서 기초 원고를 씁니다.

❷ 스토리보드 만드는 법을 이해하고, 내 스토리보드를 만들어 봅니다.

"좋은 콘텐츠란 뭘까요?"

우리는 이미 PART 01에서 이 질문에 대해 생각하는 시간을 가졌습니다. 그 뒤로 직접 영상을 촬영하고, 편집하고, 유튜브에 올리면서 조금이나마 콘텐츠를 직접 만들고 서비스하는 기회를 가졌는데, 지금은 어떤가요? "좋은 콘텐츠란 뭘까요?"라는 질문에 대한 답이 예전보다 좀 더 명확해졌나요?

우리는 종종 촬영 기술이나 편집 기술이 그다지 훌륭하지 않은데도 많은 사람에게 사랑 받는 유튜버를 보게 됩니다. 이들이 사랑 받는 이유는 당연하게도 콘텐츠가 좋기 때문입니다. 콘텐츠가 좋으면 나머지는 다소 부족해도 괜찮습니다. 진짜 힘은 내가 얼마나 촬영을 잘하고, 편집을 잘하고, 운영을 잘하느냐가 아니라 콘텐츠 자체에 있습니다.

유튜브 콘텐츠를 만들 때 보통 아래의 과정을 거칩니다.

> 아이디어 구상 → 기초 원고 → 스토리보드 → 촬영 → 편집 → 업로드

지금까지 우리가 배운 건 후반부에 해당하는 촬영, 편집, 업로드입니다. 이제 전반부인 아이디어 구상, 기초 원고, 스토리보드에 대해 배울 차례입니다. 그야말로 많이 고민해야 하는 창작의 과정이라고 할 수 있습니다.

01 아이디어 구상하기

먼저 어떤 콘텐츠를 만들면 좋을지 생각해야 합니다. 가만히 앉아서 고민한다고 좋은 아이디어가 떠오르지 않습니다. 아이디어 구상하기는 창작자들이 가장 힘들어하는 시간입니다. 몇 가지 참고할 만한 실천 사항을 알아봅니다.

▶ 내 채널 주제로 제한

범위가 너무 넓으면 아이디어를 내기 어렵습니다. 우리는 PART 02에서 내가 평소 좋아하고 관심이 있는 주제로 채널을 정했습니다. 우선 그 주제 안에서 생각해 보세요. 만약 생각이 바뀌었다면 채널 이름과 설명을 바꾸면 됩니다.

▶ 떠오른 생각 메모하기

창작자들은 대개 틈만 나면 떠오르는 아이디어를 기록합니다. 버스나 지하철로 이동할 때, 길을 걸을 때도 항상 메모할 준비가 돼 있습니다. 스마트폰이 있다면 메모 앱을 활용해서 간편하게 적는 것도 좋습니다. 아이디어는 순식간에 왔다가 사라집니다. 기록해두지 않으면 영영 잃어버릴 수 있습니다.

▶ 다른 사람과 이야기

한 사람이 가진 경험은 매우 제한적입니다. 다른 사람과 이야기를 하며 아이디어는 확장될 수 있습니다. 아직 영글지 않은 내 아이디어를 다른 사람에게 얘기하고 평가를 받아보면 좋습니다. 그가 내 아이디어를 바탕으로 새로운 아이디어를 내놓을지도 모릅니다.

▶ 다른 크리에이터의 콘텐츠 따라해보기

좋은 콘텐츠를 많이 접하고 흉내 내는 건 매우 중요합니다. 애초에 100% 내가 창작한 콘텐츠란 존재하지 않습니다. 흉내 내면서 많은 걸 배울 수 있고, 점차 나만의 콘텐츠의 모양을 갖추게 됩니다. 그러니 흉내 내는 걸 창피하게 생각하지 마세요.

영상을 촬영하기 전 마지막 단계는 스토리보드 작성입니다. 스토리보드란 영상을 제작할 때 각각의 장면의 기본적인 구성을 기록한 문서입니다. 화면, 카메라의 움직임, 대사는 물론이고 촬영할 때 필요한 사항들까지 모두 적혀 있는 영상의 설계도라고 말할 수 있습니다. 영상물을 만들 때 스토리보드는 필요합니다.

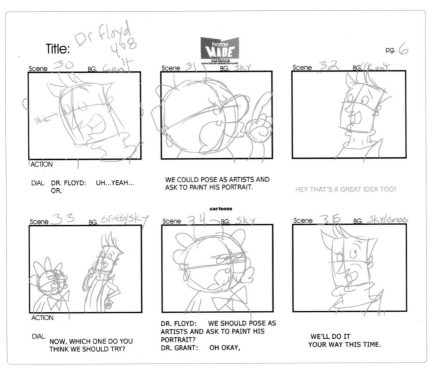

다양한 스토리보드 예시 01

다양한 스토리보드 예시 02

'영화, 예능, 애니메이션처럼 거창한 걸 만드는 것도 아닌데 꼭 콘티를 만들어야 하나요?'라고 생각하는 사람도 있을 겁니다. 우리가 만들어서 유튜브에 올리는 건 겨우 몇 분짜리 영상이지만 이 영상을 만들기 위해 우리는 많은 시간과 노력을 들입니다. 실제로 유튜버 가운데는 스토리보드를 만들지 않고 활동하는 분들도 있습니다. 그러나 스토리보드를 쓰면 좋은 점이 훨씬 더 많습니다.

▶ 높은 수준의 영상을 만들 수 있습니다

아무리 촬영이 체질인 사람도 현장에서 즉흥적으로 만들어내는 콘텐츠의 수준은 한계가 있습니다. 오랫동안 고민해서 선별한 문장, 카메라 구도보다 즉흥적으로 만든 말과 카메라 구도는 수준이 떨어질 수밖에 없습니다. 더 좋은 콘텐츠를 만들려면 스토리보드 작성은 필수입니다.

▶ 함께 만들 수 있습니다

나 혼자 연기하고, 촬영할 때는 규칙이 없어도 그럭저럭 괜찮습니다. 그러나 함께 작업하는 사람이 2명만 돼도 서로의 생각이 달라 혼동이 생깁니다. 이때 기준이 되는 것이 바로 스토리보드입니다. 스토리보드를 바탕으로 일하면 되므로 아무리 많은 사람이 함께 일해도 혼동이 생길 여지가 없어집니다.

▶ 빠뜨리지 않게 됩니다

촬영을 마치고 편집을 하는 도중, 깜박 잊고 촬영하지 않은 부분이 있다는 걸 뒤늦게 발견할 때가 있습니다. 다시 찍을 수 있는 영상이라면 그나마 다행이지만, 그 장소, 그 순간에서만 찍을 수 있는 영상도 많습니다. 이럴 때 그 장면은 포기해야만 합니다. 스토리보드가 있는 상태에서 필요한 장면을 확인해가며 촬영한다면 빠뜨릴 확률이 낮아집니다.

03 스토리보드 작성 연습하기

스토리보드는 그림과 글로 구성됩니다. 그림을 잘 그릴 필요는 없으니 안심하세요. 둥근 머리에 몸과 팔다리는 선으로 그린 '졸라맨'으로도 충분합니다. 먼저 영상 속 장면을 그림으로 표현합니다. 그리고 그 옆에 대사를 적습니다. 출연자에게 어떤 동작을 하라는 지시까지 적습니다.

장면	이미지	대사/행동
	화면에서 나오는 모습을 그립니다.	출연자의 대사, 행동을 씁니다.

장면 번호를 적습니다. 그냥 1, 2, 3… 으로 적으면 됩니다.

장면이 바뀌는 기준(스토리보드에서 언제 새로운 이미지를 그려야 하는지에 대한 기준)은 ① 촬영 장소가 달라져 배경이 바뀌었거나 ② 카메라의 시점이 달라져 배경이 바뀌었을 때입니다. 즉, 배경이 달라졌을 때는 새로운 이미지를 그려야 합니다.

그냥 앉아서 자기소개하는 영상을 찍는다면 스토리보드는 단 한 장의 그림으로도 괜찮습니다. 그러나 같은 장소에서 찍더라도 카메라 위치를 정면, 측면 등으로 바꿀 때는 스토리보드의 이미지를 새로 그려야 합니다.

우선 스토리보드를 만드는 연습을 해봅시다. 유튜브에서 1~2분 정도의 아주 짧은 영상을 하나 찾아서 보고, 그 영상의 스토리보드를 거꾸로 그려보는 겁니다. 장면과 인물을 그리고, 대사와 행동을 적어보세요.

출처 - 아롱다롱TV

장면	이미지	대사/행동

04 내 스토리보드 작성하기

이제 내가 만들고 싶은 영상의 스토리보드를 만들어 볼 차례입니다. 어떤 영상을 만들지 상상해 보세요. 떠오르는 영상의 모습과 출연자가 말해야 할 대사를 구분해서 스토리보드를 만들어 봅니다.

▶ 영상의 제목을 적어 봅니다

앞으로 영상을 계속 올리다 보면 영상 제목을 정할 일이 정말 많습니다. 콘티는 내 영상을 만들기 전에 계획을 세우는 단계이니 이 단계에서 생각나는 제목들을 가볍게 적어보세요. 나중에 업로드할 때 바뀔 수도 있으니 부담 없이 여러 개 적어 봅니다. 나중에 가장 마음에 드는 제목으로 선택하면 되니까요.

▶ 촬영 방법을 정해서 적으세요

본인이 선택한 콘텐츠의 종류에 따라 촬영 방식이 다양해집니다. 직접 야외를 돌아다니며 촬영을 할 수도 있고, 실내에 앉아서 카메라를 고정해놓고 촬영을 할 수도 있고, 게임을 하는 화면을 촬영할 수도 있겠죠. 그러므로 촬영 도구(카메라, 스마트폰 등)와 촬영할 사람 그리고, 촬영할 장소 정도는 스토리보드 단계에서 정해두는 것이 좋습니다.

▶ 촬영 날짜, 편집 완료 날짜를 적으세요

언제 촬영할 건지, 또 언제까지 편집을 완료할지 적으면 계획을 실천하는 데 도움이 됩니다. 아무리 좋은 계획이라도 실천하지 않으면 아무짝에 쓸모가 없겠죠. 영상 계획도 마찬가지입니다.

▶ 장면에 따라 그림을 그립니다

어떤 장면일지 상상해서 그림을 그립니다. 그림을 잘 그리지 못해도 상관없습니다. 촬영할 때 인물의 위치와 행동을 알아볼 수 있으면 됩니다.

▶ 대사와 행동, 그리고 자막을 적습니다

출연자의 대사와 행동, 그리고 자막과 효과 등을 적으세요. 예를 들어 이런 문구의 자막을 넣고 싶다거나, 2~3배속으로 빠르게 넘기면 좋겠다는 등의 내용을 기록합니다. 촬영할 때 주의점이 있다면 그것도 적습니다.

• 제　　목 : _____

• 촬영 날짜 : _____

• 촬영 장소 : _____

• 촬영 방법 : _____

• 예상 편집 마감 시간 : _____

장면	이미지	대사/행동

장면	이미지	대사/행동

장면	이미지	대사/행동

PART
08

방법을 알고 촬영하자!
영상 촬영 기법

이번 단원에서는

❶ 영상 촬영 전 준비해야 하는 사항을 알아봅니다.
❷ 좋은 영상을 촬영하는 데 유용한 방법을 알아봅니다.
❸ 영상 촬영 후 편집하는 방법을 알아봅니다.

우리는 수많은 디지털 기기와 함께 살아가고 있습니다. 우리 손에 항상 들고 다니는 스마트폰 하나로 못 하는 일이 거의 없을 정도로 일상의 많은 부분을 디지털 기기에 의존하며 살아갑니다.

우리는 정보를 수집하고 알아보려고 할 때 글이나 이미지보다는 영상을 더 많이 이용합니다. 영상 안에서는 나에게 필요한 정보를 자세한 설명과 함께 직접 사용하는 모습까지 보여주기 때문입니다. 그렇다 보니 유튜브나 다른 동영상 검색을 이용하는 사람들이 점점 많아지고 있습니다. 얼마 전에는 초등학생들의 장래 희망 1위가 유튜버라는 결과도 있었으니 유튜브가 우리 삶에 얼마나 큰 영향을 주는지 알 수 있습니다.

1인 크리에이터가 되어 나만의 콘텐츠를 만들어 공유하는 사람들이 점점 많아지고 있습니다. 하지만 좋은 콘텐츠를 만들기 위해 어떤 주제로 어떤 걸 보여줘야 하는지 처음에는 감을 잡기가 매우 어렵습니다. 이번 장에서는 좋은 영상을 만들기 위한 방법과 습관을 알아보도록 하겠습니다.

[꾸준히 사랑 받는 유튜버 소재]
일상 Vlog, 지식 전달, 정보 전달, 리뷰, 펫 튜브, 게임, 먹방, 유머, 인터뷰, 재능

01 촬영 전 검토하기

유튜브를 시작하기 전에 있어 몇 가지 준비해야 할 것들이 있습니다. 준비가 완료되면 내가 정한 콘텐츠에 맞게 촬영 장비나 편집 프로그램을 선택하면 됩니다.

우선은 어떤 콘텐츠를 만들 것인지, 어디서 촬영할 것인지를 먼저 정해야 합니다.

▶ 촬영 환경

유튜브 촬영을 위한 장비를 세팅할 때 환경이 다르면 준비해야 할 점도 달라집니다. 예를 들면 스튜디오와 같이 고정된 장소에서 촬영할지 아니면 일상 브이로그처럼 수시로 장소를 옮기며 촬영해야 할지를 생각해봐야 합니다.

실내 스튜디오

야외

▶ 예산

만들고자 하는 영상의 종류에 따라 예산이 다르게 발생합니다. 예산을 많이 들인다고 질 좋은 영상을 만들 수 있다고 장담할 수 없습니다. 상황에 따라 장비 세팅이 달라지므로 아래 내용을 참고하여 효율적인 장비로 세팅하는 게 좋겠습니다.

▶ 카메라

요즘의 스마트폰은 대부분은 Full HD를 지원합니다. 유튜브가 예전에는 720p 콘텐츠를 제공했다면 지금은 Full HD(1080p)를 지원하도록 하고 있습니다.

유튜브 채널을 브랜드 인지도나 참여를 유도하기 위해 이용할 경우, 품질이 낮은 영상은 잠재적인 구독자에게 여러분의 콘텐츠가 질이 떨어진다는 인상을 줄 수 있습니다. 1080p를 지원하는 카메라를 사용하는 것으로 최소한의 품질 기준을 확보할 수 있습니다.

미러리스 카메라

스마트폰

▶ 조명

영상 제작에서 조명은 아주 중요한 역할을 합니다. 자연광을 활용하여 촬영할 수 있지만 태양의 위치의 따라 역광, 사광이 발생하여 촬영자가 어둡게 나올 수도 있습니다. 이럴 때를 대비해 조명, 반사판 등을 활용하여 일정량의 빛을 촬영자에게 전달해 주어야 합니다. 촬영 시 밝다가 갑자기 어두워졌다가 하면 질 좋은 영상 콘텐츠를 만들 수가 없습니다.

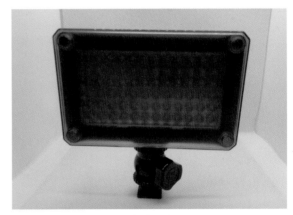

촬영조명

▶ 오디오

유튜브 영상의 질은 카메라만이 아닙니다. 영상과 함께 오디오도 영상의 질을 좌우하는 중요한 부분입니다. 아무리 좋은 영상을 촬영했다 하더라도 걸맞은 음성이 없다면 메시지가 잘 전달되지 않습니다. 구독자들은 영상의 음질이 좋고 나쁨에 따라 영상에 대한 평가가 갈린다는 과학적 사실도 있습니다.

마이크

▶ 액세서리

촬영 시 필요한 액세서리는 삼각대, 짐벌, 마이크, 반사판 등 여러 가지가 있습니다. 다만 예산을 무리하지 않는 선에서, 목적에 따라 필요한 것들을 선택하여 촬영을 진행합니다.

삼각대

짐벌

▶ 영상 편집

목적에 맞는 영상을 촬영했다면 내가 만든 영상을 다른 사람들이 시청할 수 있도록 주제와 목적에 맞게 편집을 진행해야 합니다. 자신이 잘 활용할 수 있는 편집 프로그램을 선택하고 사용 방법을 익힌 후 개성이 뚜렷하게 나타날 수 있는 영상을 만들어보세요.

동영상 편집 앱

어떤 영상이 좋은 영상일까?

우리가 당장 유명한 유튜버가 되기는 힘이 듭니다. 하지만 여러 가지 시행착오를 겪으면서 도전한다면 언젠가는 앞에서 소개한 100만이 넘는 구독자를 보유한 유명 유튜버가 될 수 있습니다.

그렇다면 우리가 우선 해야 할 것은 무엇일까요? 유튜브 영상을 만들 때 어떤 부분을 고려하면서 영상 촬영을 하면 좋을지 알아보겠습니다.

"영상을 잘 찍는다", "잘 찍은 영상이다"라고 하는 기준이 있을까요? 보는 사람과 취향에 따라 내가 찍은 영상이 좋아 보이기도 그렇지 않을 수도 있습니다. 영상뿐만 아니라 사진, 그림도 보는 사람마다 평가하는 기준이 조금씩 다릅니다.

야경을 찍을 때 구도를 적절하게 배치한 사진 예

따라서 "잘 찍은 영상이다"라는 평가는 촬영자가 어떻게 촬영했는가도 중요하지만 영상을 보는 사람들마다의 취향이 영향을 많이 주게 됩니다.

하지만 촬영을 하는 사람이 가지고 있어야 하는 기본적인 요소나 습관은 매우 중요합니다.

영상을 촬영하는 방법은 아주 다양합니다. 그중에서 특히 유튜버를 하려는 분들이 활용하면 좋은 방법을 알아보겠습니다.

인터뷰, 강의, 먹방, 게임 같이 장비를 세팅해 놓고 영상을 촬영할 경우에는 장소를 변경하며 촬영하기 어렵지만 그런 제약이 없는 주제를 이용해 영상을 만든다면 조금은 귀찮지만 촬영 장소를 변경하면서 촬영하면 더 좋은 영상을 얻을 수 있습니다.

실내든 실외든 촬영 장소를 변경함으로써 영상의 지루함을 줄이고 영상을 처음 접하는 사람들이 어려워 하는 '노출'을 이해하고 빠르게 습득할 수 있습니다.

🔔 TIP

노출
셔터 버튼을 눌러 카메라의 조리개를 열면 빛이 들어와 센서를 자극해 응답하도록 합니다. 노출은 카메라의 센서에 도달하여 일정 시간 동안 시각적 데이터를 생성하는 빛의 양입니다.

조리개
카메라에 들어오는 빛의 양을 조절하는 부분으로, 사진을 찍는 사람이 직접 조절 가능합니다. 조리개가 작으면 큰 조리갯값을 가지고, 조리개가 크면 작은 조리갯값을 가집니다. 조리개가 작을수록 빛이 덜 들어오게 되므로 조리개가 크면 당연히 더 많은 빛이 들어옵니다.

영상을 촬영하고 편집 등을 이용해 다양한 효과를 줄 수 있지만 촬영 장소의 변화만큼 영상에 풍요로움을 주는 효과는 그리 많지 않습니다.

04 카메라 여러 대로
촬영한 듯한 효과 내기

많은 유튜버들이 활용하는 촬영 방법 중에 하나는 카메라 한 대로 촬영을 하더라도 여러 대로 찍는 느낌을 주는 것입니다.

TV 프로그램이나 영화 등을 촬영할 때는 1번 카메라, 2번 카메라, 3번 카메라와 같이 여러 대의 카메라를 세팅하고 다양한 각도에서 촬영하게 됩니다. 카메라마다 각자 다른 인물을 촬영하거나 아니면 모든 카메라가 같은 인물을 촬영할 때 찍는 화각이나 카메라의 위치를 다르게 설정해서 촬영하는 것을 보았을 것입니다.

영상 촬영 시 함께하는 스텝이 있다면 좋겠지만 혼자 촬영할 경우에는 여러 번 나누어 촬영하면 카메라가 여러 대인 것 같은 느낌을 줄 수 있습니다.

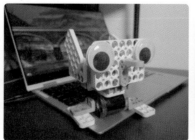

하나의 카메라를 이용해 여러 각도에서 촬영하기

촬영하고자 하는 콘텐츠의 종류와 상관없이 많이 활용되며, 하이앵글, 로우앵글뿐만 아니라 시점을 적용하여 촬영하면 더 좋은 효과를 얻을 수 있습니다.

로우앵글

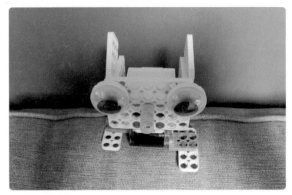

하이앵글

05 고정 샷 많이 촬영하기

스포츠나 움직임이 있는 경우에는 무빙 샷을 이용해 촬영해야 합니다. 반면에 자신을 찍거나 움직임이 적은 장면을 촬영하고자 할 경우에는 고정 샷 여러 번 나누어 촬영한 후 편집을 진행하는 것이 좋습니다. 그리고 편집을 할 때 촬영 장소의 변화를 주거나 음악 등을 추가하면 훨씬 좋은 영상을 만들 수 있습니다.

컷을 줄여서 더 간결하게 촬영해도 좋은 방법이고, 컷을 더 나눠 찍어서 좀 더 디테일 한 영상을 만들 수 있습니다. 특히 음식이나 감성 브이로그 같은 영상을 촬영할 때는 '고정샷 이어 붙이기'를 활용해 보면 좋을 것 같습니다.

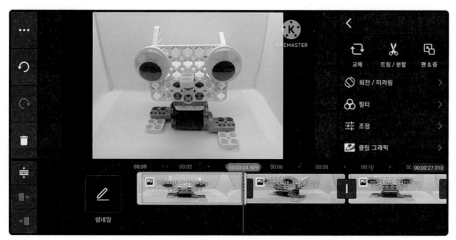

고정 샷 이어붙이기

06 얼굴 공개와 비공개

유튜브 촬영 시 얼굴 공개를 해야 하는지 말아야 하는지 고민할 수 있습니다. 얼굴 공개는 꼭 하지 않아도 되지만 얼굴 공개를 했을 때 신뢰도를 높일 수 있고 개인 브랜딩을 하기가 더 좋습니다. 그리고 얼굴 공개 시 영상 편집도 조금 수월합니다. 얼굴을 공개하지 않았을 경우 관련된 무료 영상 또는 유료 영상을 찾아 삽입해야 하는 번거로움이 발생합니다.

필요한 무료 영상 구하기

얼굴을 공개하지 않고 유튜브 영상을 촬영하고 편집하고 공유할 때 자신의 목소리는 가급적 들어갈 수 있도록 해보세요. 요즘은 AI 음성을 더빙하여 영상을 업로드하는 경우도 있지만 신뢰도를 얻기 어렵습니다.

얼굴을 공개하지 않은 공여사들

그렇다면 촬영 시 대본은 어떻게 읽으면 좋을까요? 보통 촬영 시 대본을 작성하고 대본을 읽는 방식으로 촬영을 진행합니다. 이때 프롬프터를 사용하면 쉽게 자연스럽게 대본을 읽으면서 촬영을 할 수 있습니다. 하지만 프롬프터를 구매하기에는 비용이 부담되기 때문에 '캡컷'이라는 앱의 프롬프터 기능을 이용해 촬영하면 효과적으로 촬영을 할 수 있습니다.

프롬프터

캡컷 텔레프롬프터 활용

영상 꿀팁
#1. 일상 VLOG

이번 단원에서는

❶ 브이로그를 잘 찍기 위한 방법을 알아봅니다.
❷ 영상을 찍을 때 필요한 요소들을 알아봅니다.
❸ 감성 있는 브이로그를 만들어봅니다.

브이로그(Vlog)는 '비디오(Video)'와 '블로그(blog)'의 합성어로 자신의 일상 등을 동영상으로 촬영하고 공유하는 매체를 말합니다. 유튜브에 브이로그를 검색하면 수많은 영상이 올라와 있음을 확인할 수 있습니다. 그만큼 요즘 브이로그가 일상화되어 가고 있습니다.

유튜브 영상은 보통 특정한 주제를 담아내는 경우가 많지만 브이로그는 일상적인 소소한 이야기를 주로 담아냅니다. 브이로그는 화려하지 않고 공감이 가는 평범한 일상을 솔직하게 보여주면서 소통할 수 있기 때문에 부담없이 누구나 할 수 있습니다. 나만의 일상의 기억을 글이나 사진으로 남길 때보다 영상으로 남길 때 더욱 생생하게 기억할 수 있습니다. 이번에는 브이로그를 촬영할 때 기억하면 좋을 팁들을 다뤄보겠습니다.

유튜브 Vlog

01 영상 움직이기

스틸 사진은 정지한 모습을 담지만 영상은 움직임을 부여하기 때문에 생동감 있는 모습을 전달할 수 있습니다. 생동감 있는 영상은 시청자에게 보는 재미를 주고 영상을 잘 찍은 것처럼 느끼도록 합니다. 만약 여러분이 찍은 영상이 밋밋하다면 화면의 변화가 부족해서입니다.

제일 먼저 찍는 대상을 부지런히 움직여 봅니다. 어떻게 움직여야 할지 모른다면 종이와 펜을 이용해 테이블 위에서 무엇이든 적어보세요. 쓰는 모습 자체를 화면으로 잘 담아낸다면 감성적인 모습이 담길 거예요.

대상자가 움직이는 영상 촬영

이렇게 테이블 위에 컵이 놓인 정적인 분위기에 빨대를 손으로 젓거나 바람에 커튼이 흔들린다면 좀 더 생동적인 영상을 만들 수 있습니다.

커피를 젓는 영상 촬영

대상이 인물이라면 좀 더 자연스럽게 연출할 수 있습니다. 길을 걷다가 자연스럽게 뒤돌아보는 모습이나 바람에 날리는 머리카락을 자연스럽게 정리하는 모습, 그래도 할 게 없다면 자연스럽게 걸어가는 모습을 담아보는 것도 좋습니다.

고정된 대상에 카메라를 움직여 촬영

천천히 변하는 풍경을 찍고 싶다면 카메라를 삼각대에 올려놓고 긴 시간 촬영한 후 빠르게 재생하면 멋있는 타임랩스 영상이 만들어집니다.

삼각대를 이용해 긴 시간 촬영 후 편집에서 빠르게 돌리기

찍는 대상이나 배경의 움직임이 적은 경우에는 카메라를 움직여보는 것도 좋은 방법입니다. 찍을 대상에게 천천히 다가가거나 약간 흔들리는 영상을 찍기도 합니다. 카메라를 위아래, 좌우로 천천히 돌려보는 것도 좋은 방법입니다. 영상의 장소가 자주 바뀔 경우에는 카메라를 움직이는 방법이 주로 사용됩니다.

카메라 혹은 의자를 이용해 흔들림 주기

카메라를 움직이면 영상이 흔들리게 되므로 짐벌을 사용하면 좋습니다. 스마트폰 짐벌은 가격도 저렴하고 초보자도 사용하기 쉽기 때문에 영상 촬영 시 많이 활용합니다. 만약 짐벌이 없다면 카메라를 양손으로 잡고 팔꿈치를 최대한 몸에 부착한 후 문워크 하듯이 자연스럽게 걸으며 찍어주세요.

짐벌을 사용한 흔들림 없는 촬영

영상 나누어 촬영하기

영상이라도 같은 장면을 계속 보여준다면 보는 사람들이 지루해 하지 않을까요?

한 장면만 촬영

그래서 영상을 여러 장면으로 다양하게 나누어 찍는 것이 중요합니다.

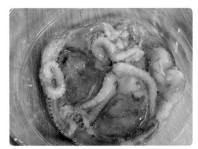  

요리 단계별로 영상을 짧게 찍고 연결하기

요리 영상이나 먹는 영상을 찍을 때도 카메라를 고정해서 지속적으로 찍지 말고 중간중간 B-Roll 영상을
촬영하는 등 다양하게 찍어보세요.

카메라가 고정된 상태에서 촬영

중간중간 B-Roll 영상을 촬영하여 중간에 삽입

 TIP

B-Roll

B-Roll은 먹방 촬영 중간중간 음식을 확대하여 찍거나 다른 상황을 확대하여 찍은 영상을 말합니다.

나눠 찍기 어려운 경우에는 고화질(4K)의 영상을 찍은 후 필요한 부분을 컷한 후 해당 부분을 확대시켜 주세요.

고화질 영상을 촬영한 후 컷을 통해 필요한 부분 확대하기

이제 장면을 나누는 연습을 해보세요. 제일 먼저 찍고 싶은 한 장면을 먼저 찍어보세요.

그 다음 화면에 가득 채워서 크게 하나를 찍어봅니다. 그리고 마지막으로 배경이 잘 보이게 넓게도 한 번 찍어줍니다.

멀리서 한 컷

중간에서 한 컷

클로즈업 한 컷을 서로 연결하기

이렇게 촬영된 영상의 필요한 부분만 잘라서 이어 붙여주면 영화처럼 자연스러운 장면이 연출됩니다.

나눠서 연결할 때는 장면이 자연스럽게 연결될 수 있도록 편집해야 합니다. 앞뒤 장면이 하나의 장면처럼 이어질 수 있도록 구성을 잘해서 편집해야 합니다.

커피를 내려 놓는 장면

커피를 내려 놓고 젓는 장면

그리고 장면을 나누어 찍을 때는 바로 앞 장면과 차이가 나도록 확대하거나 축소를 해주어야 자연스러운 장면이 만들어집니다.

03 영상 채워 촬영하기

영상이 너무 예쁘지 않은 것은 너무 넓게 촬영해서 그렇습니다.

어수선한 주변

주변이 정신이 없다면 화면을 한 번 채워보세요.

대상의 확대 촬영

처음에는 영상에 모든 걸 담아야 한다는 생각 때문에 필요 이상 영상을 넓게 찍는 경우가 많습니다. 화면을 좁게 찍을수록 영상은 더 잘 찍힙니다.

특히 강조하고 싶은 일부분을 화면에 완전히 꽉 채울 수도 있습니다. 이것을 바로 클로즈업이라고 합니다.

클로즈업

클로즈업을 많이 찍을수록 영상은 좋아지지만 모든 장면을 꽉 채워서 찍을 경우 의미가 부각되지 않을 수도 있습니다.

장면을 클로즈업으로 채우기보다는 세 장면 나누기처럼 골고루 활용하는 것이 좋습니다.

멀리서 한 장면

중간에서 한 장면

클로즈업 장면

만약 여행 콘텐츠를 촬영한다면 화면에 자연을 보여주어야 하기 때문에 넓게 찍는 것이 더 효과적입니다. 그리고 움직이는 화면의 경우에는 몸동작을 넓게 채우는 것도 보기 좋은 영상이 됩니다.

여행 콘셉트의 경우 풍경이 잘 나오도록

내가 가장 보여주고 싶은 것을 화면에 채우는 것이 보기 좋은 영상을 만드는 방법입니다.

영상 맞추어 촬영하기

촬영자보다 낮은 위치에 있는 반려동물을 찍을 때는 어떻게 촬영할까요? 보통은 사람과 키 차이가 있기 때문에 하이앵글로 촬영을 하게 됩니다.

하이앵글

하지만 좋은 영상을 만들기 위해서는 피사체와 눈높이를 맞추어 촬영하는 게 좋습니다.

눈높이 맞추기

피사체와의 높이를 맞추기 위해 바닥에 몸을 낮추거나 소파나 테이블 위에 피사체를 놓고 촬영하면 더 예쁘게 촬영됩니다.

노멀앵글

피사체와 눈높이를 맞춰 서로 마주 보는 듯한 느낌을 주는 앵글을 아이레벨 또는 노멀앵글이라고 합니다. 평소 위에서 아래로 영상을 찍었다면 앞으로는 찍는 대상과 눈높이를 맞춰보세요. 같은 높이에서 촬영하면 영상이 더 안정감이 있고 보기 좋아집니다. 반려동물과 같이 눈이 없다면 찍고자 하는 피사체에 눈이 있다고 상상하고 눈높이에 카메라를 맞추어 촬영하면 됩니다.

가끔은 하이앵글이나 로우앵글을 이용해 촬영해도 좋은 방법입니다. 하이앵글은 대상을 더 귀엽게 만들어 주는 각도입니다. 눈은 크게 만들고 턱은 갸름하게 만들어줍니다.

하이앵글

로우앵글은 다리를 길게 만들어 주고 얼굴을 작게 만들어 줍니다. 특히 전신을 촬영해야 한다면 로우앵글을 활용해 보세요.

로우앵글

단, 얼굴을 화면 위쪽에 위치시키면 얼굴이 커 보이니 머리 위쪽에 공간을 만들어 주세요.

위, 아래를 맞춰보았으니 수평, 수직을 맞춰볼까요? 건물이나 벽을 촬영할 때는 수평, 수직을 맞춰주는 것이 좋습니다. 바다나 호수처럼 수평선이 보이는 컷은 배경도 수평, 수직을 맞춰주면 안정감이 있습니다.

수평 맞추기

그렇지만 가끔은 수평, 수직을 맞추는 것보다 약간 회전하여 찍는 것도 색다른 영상을 만들 수 있습니다. 카메라를 이용해 수평, 수직을 맞추기 어렵다면 카메라에서 제공하는 격자 무늬를 표시해 놓고 피사체를 맞춰서 촬영해 보세요.

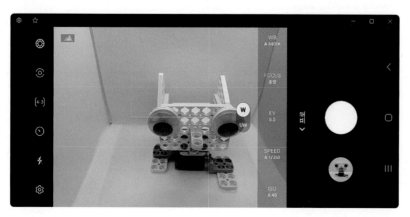

영상 꿀팁
#2. 다양한 편집 기법

이번 단원에서는

❶ 키네마스터를 이용한 다양한 편집 방법을 알아봅니다.

❷ 자막에 애니메이션을 넣어 움직이는 텍스트를 만들어 봅니다.

❸ 모자이크 기능을 이용해 불필요한 대상을 가리는 법을 배웁니다.

유튜버를 생각하는 유튜버 크리에이터들이 많이 있습니다. 많은 사람들이 '나도 유튜브를 해봐야지' 하고 영상을 찍고 편집을 합니다. 열심히 돌아다니며 영상을 찍었지만 막상 편집을 하려고 보면 쓸만한 영상이 없을 수도 있습니다. 왜 그럴까요? 아무런 콘셉트나 기획 없이 무작정 찍기만 했기 때문입니다.

물론 영상 자체가 좋으면 그냥 텍스트만 넣어도 멋진 영상이 연출됩니다. 하지만 그렇지 않다 하더라도 영상을 살리는 방법이 있습니다. 텍스트나 애니메이션을 넣는 등 다양한 편집 효과를 이용하여 버려지는 영상을 멋지게 살려낼 수 있습니다. 이번 강에서는 키네마스터를 활용해 좀 더 효과를 줄 수 있는 영상 편집을 알아보겠습니다.

움직이는 자막 만들기

내가 만들고 싶은 콘텐츠를 다 촬영했나요? 촬영된 영상을 편집하는 방법은 거의 유사합니다. 영상에 필요 없는 부분을 자르고, 필요한 부분을 남기세요. 영상 중간중간 자막만 잘 넣어도 멋진 효과를 얻을 수 있습니다. 이번 차시에서는 자막을 좀 더 효과적으로 활용할 수 있는 방법을 알려드리겠습니다.

움직이는 자막 만들기는 애니메이션 효과를 활용합니다. 자막을 넣으면 오른쪽 화면에 [인 애니메이션], [애니메이션], [아웃 애니메이션]이 나타납니다.

인 애니메이션, 아웃 애니메이션이 뭘까요?

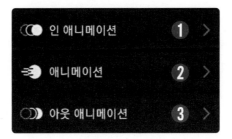

❶ **인 애니메이션** : 자막이 화면에 나타나는 순간의 효과 설정
❷ **애니메이션** : 자막이 화면에 떠 있는 동안의 효과 설정
❸ **아웃 애니메이션** : 자막이 화면에서 사라지는 순간의 효과 설정

인 애니메이션 효과 사용하기

그럼 자막이 나타날 때 어떤 효과를 적용할 수 있는지 알아볼까요? 화면에 [인 애니메이션]을 터치해 보세요. 다양한 효과가 있지만 몇 가지만 알아보겠습니다.

▶ 페이드 효과

자막이 보이지 않다가 서서히 선명하게 보이는 효과입니다.

▶ 시계 방향 효과

자막이 시계 방향으로 돌면서 나타나는 효과입니다.

▶ 모아서 나타내기

자막이 위치한 곳을 중심으로 좌우 문자가 나타나면서 한곳으로 모이는 효과입니다.

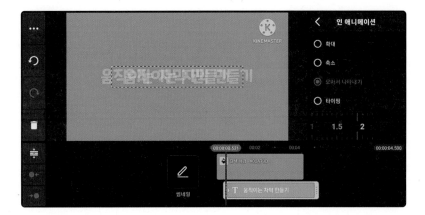

▶ 타이핑

키보드 자판으로 글자를 한 자씩 입력하듯이 문자를 나타내는 효과입니다.

▶ 드롭

공이 떨어져 바닥에서 튕기듯이 자막이 위에서 자막의 위치로 떨어진 후 통통 튀는 효과입니다.

03 애니메이션 효과 사용하기

애니메이션은 자막이 영상에 보이는 동안에 어떤 효과를 넣을지 설정할 수 있습니다. 몇 가지 대표적인 효과를 알아보겠습니다.

▶ 점멸

전구가 깜빡이듯이 자막이 깜박이면서 나타나는 효과입니다.

▶ 댄싱

자막이 마치 훌라후프가 돌아가듯이 앞으로 오면서 커지고 뒤로 가면서 작아지는 효과입니다.

▶ 비 내림 효과

비가 내리듯이 여기저기서 자막이 내려가는 효과입니다.

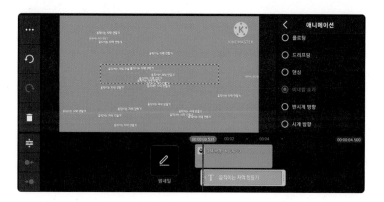

아웃 애니메이션 효과 사용하기

자막이 화면에서 사라질 때 어떻게 사라질지를 설정할 수 있습니다. 여러 가지 효과를 적용시켜 보고 마음에 드는 효과를 적용해 보세요. 대표적으로 많이 사용하는 효과를 알아보겠습니다.

▶ 오른쪽으로 밀기

자막이 오른쪽으로 나가면서 점점 사라지는 효과입니다.

▶ 축소

자막이 뒤쪽으로 축소되면서 점점 사라지는 효과입니다.

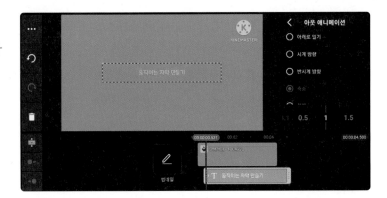

▶ 아래로 닦아내기

자막을 위에서 아래로 닦아내듯이 사라지게 하는 효과입니다.

05 자막에 효과음 넣어보기

자막을 조금 더 재미있게 만드는 방법을 알아보겠습니다. 바로 소리를 활용하여 자막에 효과음을 넣어주는 것입니다. 예능이나 유명 유튜버들의 영상을 보면 자막이 나타날 때 자막과 함께 효과음이 들리는 것을 알 수 있습니다. 시각과 청각 모두 활용하면 시청자의 집중도를 높일 수 있습니다.

01 앞부분에서 배경 음악을 넣기 위해 [오디오] 아이콘을 사용했습니다. [오디오] 아이콘을 터치해 보세요.

02 [오디오] 아이콘을 터치하면 오디오 브라우저가 나타납니다. 여기서 [효과음] 에셋을 터치하세요. 아직 다운로드한 효과음 에셋이 없습니다. 에셋 스토어에서 효과음을 먼저 다운로드하고 [에셋 스토어]를 터치하세요.

03 에셋 스토어의 효과음 목록이 나타납니다. 도시를 건설할 때 나타낼 수 있는 효과음을 골라봅니다. 여기서는 [기계&도구]의 드릴/진동 소리를 들어보고 다운로드해 봅니다.

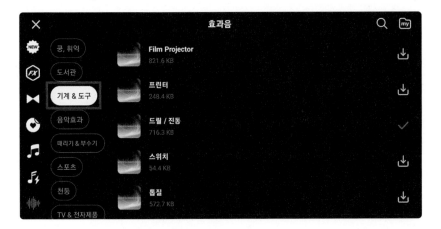

04 오디오 브라우저에 조금 전 다운로드한 효과음이 나타납니다. 효과음을 들어보고 마음에 드는 효과음을 선택하고 [+]를 터치해서 추가해 봅니다.

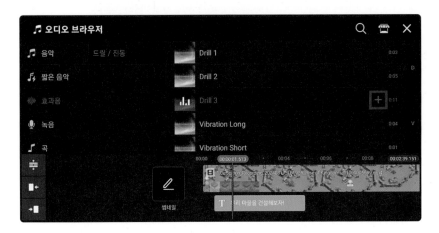

05 삽입된 효과음을 꾹 눌러 자막의 위치에 맞춥니다.

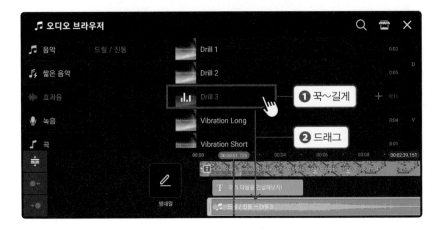

06 삽입된 효과음이 너무 길기 때문에 효과음을 자막에 맞추어 줄여 줍니다.

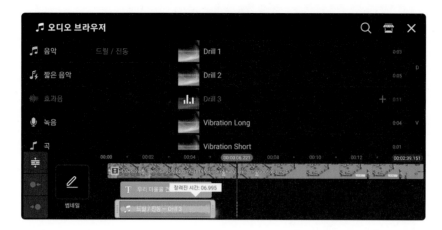

07 재생을 눌러 효과음이 자막과 함께 잘 재생되는지 확인해 봅니다.

06 모자이크 기능 사용하기

영상을 찍다 보면 보이고 싶지 않은 부분이 발생합니다. 아웃 포커싱을 사용하면 뒷배경을 흐리게 해주기 때문에 별도의 편집을 하지 않아도 됩니다. 하지만 그렇지 않을 경우에는 주변의 다른 사람이나 물건을 흐리게 할 수 있는 기능이 필요합니다. 이때 이용하는 것이 모자이크 기능입니다. 영상에서 마음에 들지 않는 부분을 모자이크 기능을 이용해 가려보도록 하겠습니다.

01 먼저 촬영한 영상 불러와서 타임라인에 넣어 줍니다.

02 [레이어]–[효과]를 터치합니다.

03 효과 목록에서 [기본 효과]를 터치합니다.

04 [가우시안 블러]와 [모자이크] 두 가지 효과가 나타납니다. [가우시안 블러]는 아웃 포커싱처럼 뒷배경을 흐리게 만들어 주는 효과이고, [모자이크]는 네모 블록을 이용해 대상을 가릴 수 있는 효과입니다. [모자이크]를 선택하세요.

05 모자이크를 처리할 영역이 나타나면 크기 조절 아이콘을 이용해 원하는 부분에 모자이크 효과를 넣어줍니다.

06 영상을 보고 모자이크가 표시되어야 할 부분까지 모자이크 길이를 조절해 줍니다.

07 영상을 재생해서 모자이크가 잘 적용되었는지 확인해 봅니다. 만약 모자이크가 잘 처리되지 않았다면 모자이크의 위치나 크기를 조절하여 맞춰 주세요.

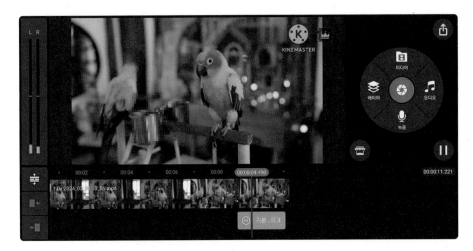

모자이크 입자 크기와 형태 변경

❶ 모자이크 입자 크기 : [속성]을 터치해서 모자이크의 입자 크기를 변경할 수 있습니다.

❷ 모자이크 모양 변경 : 모자이크 목록을 아래로 스크롤하면 [모양] 탭이 나타납니다. 이곳에서 모자이크 모양을 변경할 수 있습니다.

인트로 영상을 만들어보자

이번 단원에서는

❶ 나만의 인트로 영상을 만들어봐요.

❷ 만들었던 영상 앞에 인트로 영상을 추가해봐요.

유튜브 영상을 보다 보면, 처음 영상이 뜰 때마다 반복해서 뜨는 짧은 영상을 관찰할 수 있습니다. 이렇게 본 영상이 시작되기 전에 채널을 소개하는 짧은 영상을 '인트로 영상'이라고 부릅니다. 채널 제목이 나올 수도 있고, 채널을 상징하는 로고나 캐릭터가 등장하기도 합니다. 어쨌든 이런 영상은 채널을 알리는 효과가 있어서 유튜버 대부분이 사용합니다. 하나를 잘 만들어 두면 영상을 새로 올릴 때마다 사용할 수 있어서 좋습니다.

ㅋㄷㅋㄷ코딩TV

마인크래프트 에듀크리에이터
아카데미(마크에크)

헤이지니

01 내 인트로 영상 구상하기

인트로 영상은 너무 길면 안 됩니다. 5초 이내의 짧은 영상으로 자신의 채널을 시청자에게 홍보하면 됩니다. 처음이니까 전문가가 만든 예쁜 디자인을 욕심내지 말고 이미지와 자막만으로 만들어 봅시다.

▶ 어떤 이미지를 사용할까요?

내 채널을 나타낼 수 있는 이미지가 있는지 한번 생각해 보세요. 나를 찍은 사진, 나를 기반으로 만든 캐릭터, 직접 그린 그림이 있다면 좋습니다. 이런 것이 없더라도 인터넷에서 사진과 이미지를 찾을 수 있습니다. 지금 이미지를 찾아보세요.

▶ 제목(자막)은 뭘로 할까요?

제목은 자막 기능을 사용해 넣으면 됩니다. 보통 채널 이름을 씁니다. 만약 채널을 설명하는데 채널 이름보다 더 좋은 단어가 있다면 그 단어를 사용해도 좋습니다.

▶ 내가 생각한 인트로 영상을 그림으로 그려보세요

어떤 이미지를 쓸지, 자막을 화면 어느 위치에 넣을지 미리 그림으로 나타내 봅시다. 이렇게 한번 그려보면 영상을 만드는 일이 훨씬 쉬워집니다.

영상에 이미지, 제목 추가하기

본격적으로 인트로 영상 만들어 보겠습니다. 직접 만들면서 차근차근 배워 봅시다.

01 인트로 영상에 추가하고 싶은 이미지가 있다면 먼저 그 이미지를 스마트폰 갤러리에 저장해 두세요. 키네마스터를 실행한 후 새로운 프로젝트를 만들고 [미디어] 아이콘을 터치합니다.

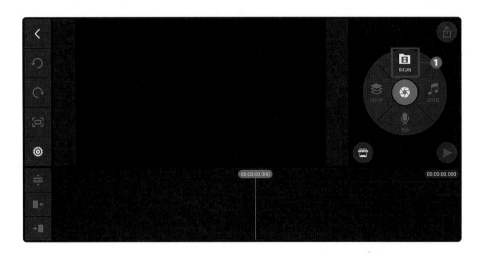

02 [이미지 에셋] 폴더에 들어가서 원하는 단색 배경을 타임라인에 추가합니다. 이곳 예시는 '회색'을 선택했지만, 내가 원하는 색상을 선택하면 됩니다.

03 이제 내가 고른 이미지를 추가합니다. [레이어] 아이콘을 터치한 후 [미디어] 아이콘을 터치합니다.

04 추가하고 싶은 이미지가 있는 폴더를 찾아서 해당 이미지를 선택합니다.

05 타임라인에 새로운 레이어가 생성되면서 단색 배경 위에 내가 선택한 이미지가 보입니다.

06 이미지 주변의 화살표 아이콘을 활용하면 크기와 방향을 조절할 수 있습니다. 이미지를 적당한 크기로 줄입니다.

07 자막도 넣어주세요. 자막을 추가하고 글자색 바꾸는 방법은 PART 06에서 배웠습니다. 기본 글꼴을 그대로 쓰기보다는 내 채널에 더 잘 어울리는 다른 글꼴을 쓰는 게 좋습니다.

🔔 **TIP**

폰트 에셋에 들어간 다음, '한국어' 카테고리에서 글꼴을 선택하세요. 인트로 영상에 쓰는 글꼴은 두껍고 눈에 잘 띄는 것이 좋습니다. 내 채널의 성격을 고려해서 선택하세요.

03 오버레이 기능으로 애니메이션&스티커 추가하기

인트로 영상은 짧으므로 효과가 화려한 것이 좋습니다. 이때 오버레이 기능을 활용하면 좋습니다. 오버레이는 영상에 움직이는 스티커를 추가할 수 있는 기능입니다.

01 [레이어] 아이콘을 터치한 후 [스티커] 아이콘을 터치합니다.

02 [스티커]에는 다양한 애니메이션 효과가 들어간 이미지와 스티커가 있습니다. 처음에는 [classic_stickers] 폴더밖에 없을 겁니다. 에셋 스토어에 들어가면 더 다양한 애니메이션과 스티커를 다운로드해서 활용할 수 있습니다.

03 스티커 화면에서 [더 받기]를 터치해서 에셋 스토어에 들어가 보세요.

04 에셋 스토어는 PART 06에서 글꼴과 음악을 다운로드할 때 사용해본 적이 있습니다. 여기서 애니메이션을 다운로드할 수 있습니다. [프리미엄] 표시는 유료 버전에서만 다운로드할 수 있습니다. 프리미어 표시가 없는 애니메이션을 찾아서 다운로드하세요.

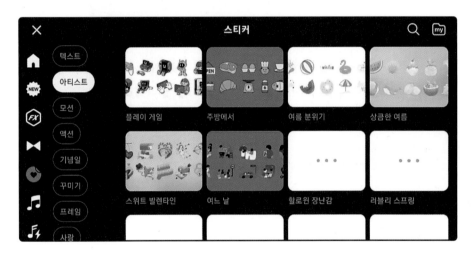

05 다운로드하고 싶은 애니메이션을 찾아서 선택한 후 [다운로드] 아이콘을 터치합니다.

06 [애니메이션] 아래에 있는 [스티커]를 터치하면 귀여운 스티커들도 다운로드할 수 있습니다. 원하는 자료를 모두 다운로드했으면 왼쪽 위에 있는 [✕]를 터치하여 에셋 스토어를 나옵니다.

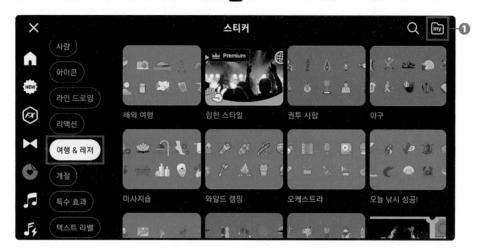

07 다시 키네마스터 화면으로 돌아와서 스티커로 들어가면 내가 다운로드한 애니메이션과 스티커를 확인할 수 있습니다.

08 추가하고 싶은 애니메이션이나 스티커를 선택하여 타임라인에 추가해 보세요.

09 타임라인 화면에서 이미지가 보이는 시간을 적당히 늘려주고 미리 보기 화면에서 위치를 조정합니다.

🔔 **TIP**

애니메이션과 스티커를 불러올 때

에셋에서 애니메이션과 스티커를 구경하다 보면 재미있는 것들이 많아서 선택하기 어려울지도 모릅니다. 그렇다고 해서 이것저것 다 넣으면 인트로 영상이 지저분해지고, 혼란스러워지기에 십상입니다. 몇 가지 지침을 기억하세요.

첫째, 인트로 영상에서 주연은 '글자로 된 제목'입니다.
기업에서 만든 인트로 영상에서는 자신만의 캐릭터를 만들고, 구독자를 빨리 모아서 알릴 수도 있지만, 초보 유튜버에게 중요한 건 채널 제목입니다. 나머지 애니메이션과 스티커는 제목을 돋보이게 해주는 조연입니다. 과하지 않도록 사용하세요. 과한 것보다 덜한 것이 낫습니다.

둘째, 애니메이션과 스티커의 주제는 한 가지로 통일합니다.
예를 들어 물속이 배경인데 사자가 있으면 이상하겠죠? 한 가지 주제로 통일하는 것이 좋습니다. 에셋에서 한 가지, 많아야 두 가지를 다운로드해서 조합하는 정도면 충분할 겁니다.

셋째, 처음부터 완벽할 수는 없습니다.
유명 유튜버들도 처음에는 매우 단순한 인트로 영상을 쓰다가 인기를 얻으면서 변경한 경우도 많습니다. 유명 유튜버들의 초기 영상을 찾아보면 이런 변화를 알 수 있습니다. 그러니까 정성을 들이되, 처음부터 너무 완벽한 인트로 영상을 만들려고 애쓰지 마세요.

인&아웃 애니메이션 추가하기

인트로 영상은 잠깐 나타났다가 사라지는 영상이기 때문에 인 애니메이션과 아웃 애니메이션을 넣어주도록 합시다. 인트로 영상 다음에 나올 본 영상과 자연스럽게 이어지도록 만들기 위해서입니다.

01 타임라인에서 앞서 만든 자막을 먼저 선택하세요.

02 [인 애니메이션]은 처음 시작할 때 효과, [아웃 애니메이션]은 끝날 때 효과입니다. 직접 효과를 적용해 보고 마음에 드는 효과를 선택하세요. 왼쪽 위의 [🔙] 아이콘을 터치하면 적용됩니다.

03 영상에 텍스트뿐만 아니라 스티커를 활용해 다양한 이미지를 넣을 수 있습니다. 삽입된 스티커와 이미지
는 텍스트와 마찬가지로 '인 애니메이션', '아웃 애니메이션' 효과를 적용할 수 있습니다.

04 인트로 영상을 갤러리에 저장하세요. 해상도와 프레임레이트 그리고, 비트레이트는 아래 이미지와 같게
설정해주고 [동영상으로 저장]을 터치하면 편집한 영상이 갤러리에 영상 파일로 저장됩니다.

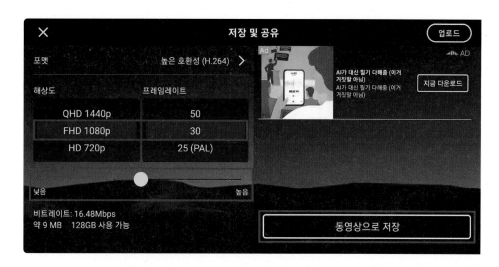

05 아래는 다른 방식으로 만들어 본 인트로 영상의 예시입니다. 자기 채널의 성격에 맞게 만들어 보세요.

05 만든 영상 앞에 인트로 영상 붙이기

나만의 인트로 영상을 완성했으니 지금까지 만들었던 영상 앞에 인트로 영상을 추가해 봅시다. 방법은 매우 간단합니다. 앞으로는 새로운 영상을 만들 때마다 이렇게 인트로 영상을 먼저 불러오고, 뒤의 영상을 만들면 됩니다.

01 새 프로젝트를 열고 [미디어] 아이콘을 터치합니다.

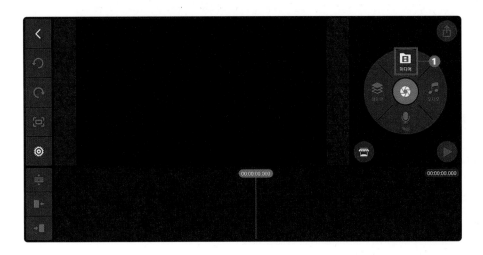

02 내가 저장한 인트로 영상을 타임라인에 먼저 추가합니다.

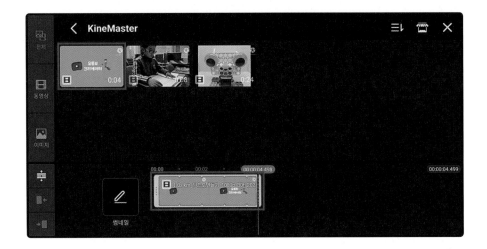

03 그다음에 예전에 만들었던 영상을 타임라인에 추가합니다. 인트로 영상과 다음 영상 사이에 장면 전환 효과를 추가할 수도 있습니다(PART 03 내용 참고).

04 만든 영상을 갤러리에 저장하세요. 파일명에 '인트로 추가' 등을 붙여서 이전 영상 파일과 구분하면 좋겠죠?!

TIP

유튜브에 이미 만들어 올린 영상 앞에 인트로 영상을 넣을 수는 없습니다. 유튜브 영상은 한번 올리면 제목, 설명글 등은 수정할 수 있지만, 영상 자체는 수정할 수 없습니다. 그래서 영상 자체를 수정해야 한다면, 새로 올린 다음 앞의 영상을 삭제하는 방법을 써야 합니다.
이번 인트로 영상을 넣어 완성한 영상을 내 유튜브 채널에 다시 올리세요. 앞에 올린 영상을 그대로 둘지, 삭제할지는 본인이 판단해야 합니다. 이미 올린 영상의 조회 수가 높거나 의미 있는 댓글이 달려있다면 그대로 남겨두는 편이 좋습니다.

맞춤 미리 보기 이미지를 만들자

이번 단원에서는

❶ 영상을 대표하는 맞춤 미리 보기 이미지를 만들어봐요.

❷ 스마트폰으로 맞춤 미리 보기 이미지를 적용해봐요.

유튜브에서는 시청자가 영상을 검색할 때 영상을 대표하는 미리 보기 이미지를 보여줍니다. 만약 아무런 설정을 하지 않으면 유튜브가 내가 올린 영상에서 미리 보기 이미지를 자동으로 만들어 보여주지만, 이를 직접 만들 수도 있습니다. 미리 보기 이미지가 흥미로우면 그 영상을 볼 확률이 더 높아집니다. 맞춤 미리 보기 이미지는 내 영상의 조회 수를 올릴 수 있는 아주 중요한 방법 중에 하나이니 잘 배워서 활용합시다.

아래는 다른 유튜버의 맞춤 미리 보기 이미지들입니다.

   입짧은햇님

   예씨

   양띵

신경 써야 할 것

내가 만든 영상을 돋보이게 해주는 '맞춤 미리 보기 이미지'를 만들어 봅시다. 먼저 주의해야 할 사항들을 알아보겠습니다.

시리즈 영상에 공통적으로 넣어 통일감

인물은 한 명만

키워드로 흥미 유발

▶ 호기심 유발하기

어떤 미리 보기 이미지는 호기심을 유발해 눌러보고 싶게 합니다. 내가 어떤 미리 보기 이미지를 보고 끌렸는지를 잘 생각해 보세요. 어떤 영상은 재미있는 이미지로 눈길을 끕니다. 또 어떤 영상은 질문을 던지고 궁금하면 영상을 보라는 식도 있습니다. 다른 사람의 방법을 잘 보고 나에게 적합한 방법을 찾아 적용해 보세요.

▶ 요소는 최소한으로 넣기

호기심을 유발하려고 하면 욕심이 과해지기 마련입니다. 그러나 미리 보기 이미지는 아주 작은 크기입니다. 작은 공간에 많은 글자와 이미지가 들어가면 전달하고자 하는 내용을 효과적으로 나타낼 수 없습니다. 미리 보기 이미지에 인물이 들어간다면 인물은 한두 명으로 얼굴을 크게 넣습니다. 긴 문장 대신 영상을 가장 잘 나타낼 수 있는 단어를 한두 개 넣는 편이 좋습니다. 글자는 읽기 편한 글꼴을 선택하세요.

▶ 미리 보기 이미지에 통일감 주기

시청자가 내 채널에 들어오면, 내가 지금까지 만든 미리 보기 이미지가 한눈에 보이게 됩니다. 만약 동영상마다 제각각으로 만들면 이상해 보일 겁니다. 따라서 어느 정도의 통일성이 있어야 합니다. 색깔을 통일하거나, 글꼴을 통일하는 등 일관성이 보이도록 만들어야 합니다. 잘 만든 미리 보기 이미지 하나를 조금씩 변형해도 좋을 겁니다.

02 맞춤 미리 보기 이미지 구상하기

이제 배운 내용을 바탕으로 내 영상에 어울리는 맞춤 미리 보기 이미지를 만들어 봅시다. 먼저 지금까지 만들었던 영상 중에 하나를 고르세요. 고른 영상의 미리 보기 이미지를 어떻게 만들지 알아봅시다.

▶ 화면 캡처하기

영상을 처음부터 끝까지 보면서 미리 보기 이미지로 사용하고 싶은 장면을 찾습니다. 영상의 내용과 분위기를 잘 나타내고 재미있는 장면이면 좋을 겁니다. 동영상에서 그 장면이 나오는 순간, 화면을 캡처합니다. 스마트폰이나 태블릿에서 화면을 캡처하는 방법은 기기마다 조금씩 다른데, 주로 아래와 같습니다.

> * 아이폰 : [전원 버튼] + [홈 버튼]을 동시에 누름
> * 안드로이드폰 : [전원 버튼] + [볼륨 – 버튼]을 동시에 누름

▶ 문구, 단어 정하기

영상을 대표하는 단어나 문구를 생각해 봅시다. 예를 들어 치킨을 먹는 먹방 영상이라면 '치킨', '후라이드', '양념반 후라이드반', '치느님' 등의 단어가 후보가 됩니다. 이렇게 시청 유도를 할 수 있도록 내 영상의 주제와 관련된 문구와 단어를 2~3개 정해보세요.

▶ 이미지, 스티커 찾아보기

미리 보기 이미지에 글자를 넣었는데도 좀 허전한 느낌이 든다면 추가로 이미지나 스티커를 넣어 꾸며 봅시다. PART 11에서 키네마스터 앱에서 오버레이 기능을 활용할 수 있는 스티커 기능을 배웠습니다. 스티커에는 무료로 사용할 수 있는 스티커와 애니메이션이 기능을 많이 사용할 수 있습니다. 해당 기능을 이용해 내 미리보기 화면에 추가하고 싶은 스티커나 애니메이션을 골라 적용해 보세요.

03 맞춤 미리 보기 이미지 만들기

01 키네마스터를 실행하고 새롭게 프로젝트를 생성합니다. 그리고 오른편의 [미디어] 아이콘을 터치합니다.

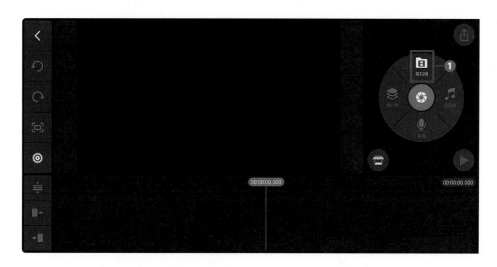

02 내가 맞춤 미리 보기 이미지를 적용하고자 하는 영상에서 캡처한 이미지를 찾아 타임라인에 추가합니다.

03 이제 제목을 자막 기능을 사용해 넣어 봅시다. 자막은 [레이어] 아이콘을 터치한 후 [텍스트] 아이콘을 터치하면 추가할 수 있습니다. 자막과 관련된 다양한 기능은 PART 06에서 배웠습니다.

04 앞서 정한 문구를 입력합니다.

05 기본 글꼴과 하얀색 글씨는 눈에 잘 띄지 않으니 글꼴을 바꾸고 크기와 색상도 바꿔보세요. 이미지에 사람이 있다면 사람의 얼굴을 가리지 않는 위치에 자막을 배치합니다.

04 스티커 추가하기

스티커 기능을 이용해 다양한 스티커와 애니메이션으로 영상을 꾸며봅니다.

01 [레이어] 아이콘을 터치한 후 [스티커] 아이콘을 터치합니다.

🔔 **TIP**

스티커를 선택하고 목록을 아래로 스크롤 한 후 [더 받기]를 터치하여 다양한 스티커와 애니메이션 효과를 다운로드 받을 수 있습니다.

02 마음에 드는 애니메이션을 추가해 보세요.

03 귀여운 스티커도 활용해 봅시다.

04 미리 보기 화면에서 위치와 방향을 자유롭게 수정할 수 있습니다. 자막 옆 공간에 스티커를 추가해서 꾸며봅시다.

05 맞춤 미리 보기 이미지 완성!

05 키네마스터로 만든
미리 보기 이미지 캡처하기

01 완성한 미리 보기 이미지를 캡처해서 파일로 저장해 봅시다. 화면 왼쪽의 [캡처] 아이콘을 터치하고, [캡처 후 저장]을 터치합니다.

02 아래 화면과 같은 알림이 나타나면 갤러리에 이미지 파일로 저장됩니다.

유튜브 스튜디오 활용해서
섬네일 등록하기

직접 만든 맞춤 미리 보기 이미지를 적용해 봅시다. 유튜브 스튜디오(YouTube Studio) 앱을 실행하세요.

01 대시보드 화면 아래 영상에서 내가 맞춤 미리 보기 이미지(섬네일)를 적용하고 싶은 영상을 선택합니다. 그럼 오른쪽 화면이 나타납니다. 상단의 [연필] 아이콘을 터치합니다.

02 들어가면 영상 수정 화면이 나타납니다. [미리 보기 이미지 수정]을 터치하세요.

03 미리 보기 이미지 수정 화면에 들어가면 유튜브에서 자동적으로
생성한 세 가지의 이미지가 나타납니다. 이 중 하나를 선택하거나
직접 만든 '맞춤 미리 보기 이미지'를 업로드하면 됩니다.

04 혹시 아래 화면이 나타나면서 맞춤 미리 보기 이미지 추가 기능
을 사용할 수 없나요? 맞춤 미리 보기 이미지 기능을 사용하기
위해서는 컴퓨터에서 유튜브 계정을 인증해야 합니다.

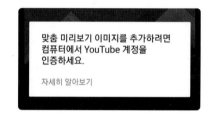

🔔 **TIP**

영상에 태그 추가하기

태그는 어떤 정보를 검색할 때 사용하기 위해 부여하는 단어 혹은 키워드를 의미하며 '꼬리표'라고도 부릅니다.
태그를 붙여 놓으면 유튜브에서 영상을 검색할 때 더욱 잘 검색됩니다. 섬네일을 업로드했던 [동영상 수정] 화면
을 아래로 내려보면 [태그]를 추가할 수 있는 부분이 있습니다. 여기에 내 영상을 대표할 수 있는 단어를 추가해
보세요.

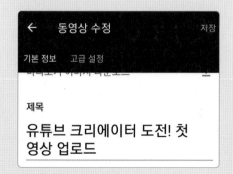

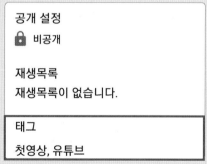

놓치면 안 돼요!
창작자의 소중한 권리
- 저작권

이번 단원에서는

❶ 저작권의 의미를 알아봅니다.

❷ 다양한 디지털 정보를 사용하는 올바른 방법을 알아봅니다.

❸ 저작권을 지키며 영상을 만드는 방법을 배웁니다.

"포털 사이트에 공개된 이미지라 하더라도
저작자의 이용 허락을 받지 않고 사용할 경우에는
저작권 침해(복제권, 공중송신권 등)에 해당할 수 있습니다."

저작권이란?
'창작적인 표현물'에 대해 창작자에게 인정하는 독점적인 권리

著　作　權	Copyright
지을 (저)　지을 (작)	복제할 수 있는(Copy) 권리(Right)
(창작물을) 지어낸 데 대한 권리	

01 저작권이란?

시, 소설, 음악, 미술, 영화, 연극, 컴퓨터 프로그래밍 등 창작물을 직접 만들다 보면, 새롭게 무언가를 만드는 일에 엄청난 노력이 필요하다는 것을 알 수 있습니다. 내가 만든 창작물이 소중하다면 다른 사람의 창작물도 존중해야겠죠?

음악, 미술, 문학 등 '창작자'가 직접 만든 작물에 대한 권리를 '저작권'이라고 합니다. '저작권'은 창작물을 만든 사람의 노력과 가치를 인정하고, 만든 사람, 즉 '창작자'의 권리는 보호하는 것을 의미합니다.

▶ 저작물의 개념과 종류

'저작물'이란 인간의 사상 또는 감정을 표현한 창작물로, 창작을 통해 자신의 권리를 주장할 수 있는 작품을 의미합니다. 하지만 모든 작품을 저작물이라고 말할 수는 없습니다. 저작물로 인정을 받기 위해서는 아래 두 가지 조건이 충족되어야 합니다.

> 하나. 인간의 사상(생각)과 감정이 잘 표현되어 있을 것
> 둘. 창작성이 있을 것

여기서 말하는 '창작성'은 누구의 것을 따라 하는 것이 아니라, 자기만의 것을 표현하는 것을 의미합니다. 꼭 기억하세요!

저작물의 종류

시, 소설	음악	영화	사진, 그림	만화, 캐릭터	게임, 컴퓨터 프로그램	건축물

▶ 저작물을 보호해야 하는 이유

두 소설가의 이야기를 보며 생각해 봅시다.

소설가 A씨는 특유의 글 솜씨로 재미있는 소설을 많이 만들었어요. A씨는 소설책을 출판하였고, 그 소설이 인기를 얻으면서 영화 제작자의 제의를 받아 소설을 영화로 만들게까지 되었지요. A씨는 소설에 대한 저작권료를 받아 적지 않은 수입을 올릴 수 있게 되었습니다. 소설로 돈을 벌게 되자 A씨는 다른 걱정 없이 소설 쓰는 일에만 전념할 수 있었고, 더욱 재미있는 작품들을 많이 만들어 낼 수 있게 되었지요.

한편, 또 다른 소설가 B씨도 인기 있는 소설의 작가였답니다. 그런데 B씨는 소설이 인기를 얻었음에도 불구하고 돈을 벌 수가 없었어요. 왜냐하면, 누군가 B씨의 소설을 인터넷 자료실에 올렸고, 많은 사람들이 이를 다운로드하여 공짜로 보면서 아무도 B씨의 소설책을 사지 않았던 것이지요. 수입이 없는 B씨는 돈을 벌기 위해 다른 일을 해야 했고, 소설을 쓸 시간도, 의욕도 상실한 채 결국 소설 쓰는 일을 그만두게 되었답니다. 사람들은 더욱 좋은 작품으로 나왔을지도 모르는 B씨의 소설을 영원히 볼 수 없게 된 것이지요.

원문 출처 : 한국저작권위원회 교육자료

이야기를 읽고 든 생각을 간단히 정리하며 '저작권' 지킴이가 되어 보세요.

▶ 저작물의 보호기간

대부분의 저작물은 저작자 개인이 창작해 낸 것이 맞지만, 창작의 시초를 생각해 보면 저작물은 선조로부터 이어져 내려온 문화유산을 바탕으로 만들어졌다고 할 수 있습니다. 그리고 그렇게 만들어진 저작물은 또다시 문화유산으로 후세에 이어져 새로운 저작물 창작과 문화 발전의 바탕이 되기도 합니다. 그렇기 때문에 기존의 저작물들을 이용하여 더욱 훌륭한 저작물을 창작하고 문화를 발전시킬 수 있도록 하기위해 저작권법에서는 저작물이 **일정 기간 동안**만 보호되도록 하고 있습니다. 보호 기간이 지난 저작물은 누구나 자유롭게 이용할 수 있도록 '**공유 저작물**'이 됩니다.

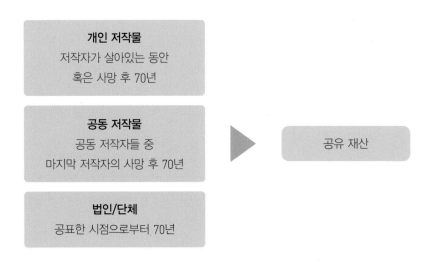

02 올바른 저작물 이용 방법

학교 교과서를 비롯해 각종 교육 자료들, 쉬는 시간에 듣게 되는 음악, 휴대폰 벨소리와 통화연결음, 컴퓨터 게임과 디지털 정보가 범람하는 인터넷 등 무수히 많은 생활 속 저작물을 올바르게 이용하는 방법에 대해 알아봅니다.

▶ 저작권 마크 알기

저작권의 보호를 표시하는 기호인 저작권 마크는 저작권 공고 (copyright notice)의 표시에 원으로 둘러싸인 c 기호(ⓒ)를 첨부하여 표기합니다. 그리고 다른 사람의 저작물을 이용할 때는 저작물 이용방식이 저작권법상 허용되는지 확인하도록 합니다.

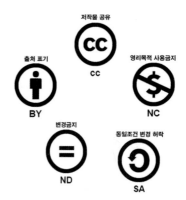

저작자 표시(BY)
저작자 표시(출처 표시) 하면 자유롭게 이용 가능

저작자 표시-변경 금지(BY-ND)
저작자 표시(출처 표시)하면 영리 목적으로 이용 가능
단, 변경 및 2차적 저작물의 작성 불가능

저작자 표시-동일 조건 변경 허락(BY-SA)
저작자 표시(출처 표시) 하면 자유롭게 이용 가능
단, 2차적 저작물에도 동일한 라이선스 적용

저작자 표시-비영리(BY-NC)
저작자 표시(출처 표시) 하면 자유롭게 이용 가능
단, 영리적 이용 불가능

저작자 표시-비영리-변경 금지(BY-NC-ND)
저작자 표시(출처 표시) 하면 자유롭게 이용 가능
단, 영리적 이용과 2차적 저작물의 작성 불가능

저작자 표시-비영리-동일 조건 변경 허락(BY-NC-SA)
저작자 표시(출처 표시) 하면 자유롭게 이용 가능
단, 영리적 이용은 불가능하며 2차적 저작물에도 동일한 라이선스 적용

▶ 저작권자에게 허락 구하기

공유된 저작물을 이용해야 할 때에는 저작권자에게 저작물 제목과 이용하려는 방법 등을 자세히 알리고 이용에 대한 허락을 받고 사용합니다. 허락받은 범위 내에서만 이용하되, 저작권자의 의사에 따라 저작권자 표시, 출처 표시를 명확히 해야 합니다.

1단계	2단계	3단계	4단계	5단계
어떤 저작물을 이용할 것인지를 결정한다.	그 저작물이 보호받는 것인지 확인한다.	저작물 이용 방식이 저작권법상 허용되는 방식인지 확인한다.	저작권자에게 저작물 제목과 이용하려는 방법 등을 자세히 알리고 허락을 받는다.	허락을 받은 범위 내에서만 이용한다.
어떤 저작물을 어떤 방법으로 이용할 것인지	• 보호 기간이 지났는지 • 저작권법에서 정하고 있는 보호받지 못하는 저작물인지 보호 받지 못하는 경우: 이용	저작권법에서 정하고 있는 저작권자의 허락이 없어도 이용할 수 있는 경우의 조건에 맞는지 허용되는 방식: 이용	허락을 도와주는 단체 • 저작권신탁관리단체 • 저작권대리중개업체 허락을 받고 다음 단계로	저작자 표시, 출처 표시를 명확히 하고 사용

자료 출처 : 한국저작권위원회

03 저작권을 지키며 영상 만드는 법

창작자의 소중한 권리 '저작권'을 지키며 영상을 편집해 봅니다.

▶ 에셋 스토어 활용

키네마스터의 에셋 스토어는 영상 편집에 필요한 글꼴, 음악 등을 제공해 줍니다. 이를 활용해 영상을 풍부하게 만들 수 있죠. 다행히 키네마스터의 에셋 스토어는 저작권 걱정을 하지 않아도 됩니다.

에셋 스토어에 있는 글꼴, 음악, 스티커 등의 저작권은 키네마스터가 가지며 무료, 유료 사용자 구분 없이 유튜브를 비롯한 모든 SNS에서 사용 가능합니다. 심지어 내가 올린 동영상을 통해 광고 수익을 얻는다 해도 문제가 없습니다.

그렇다면 에셋 스토어에 없는 글꼴, 음악은 어떻게 하면 될까요? 원저작자에게 허락을 받고 사용하는 방법이 가장 일반적입니다. 또한 저작권 걱정 없는 이미지, 폰트를 제공해주는 사이트를 이용하는 방법도 있습니다. 저작권 걱정 없는 사이트들을 몇 가지 소개하겠습니다.

▶ 무료 폰트 제공 사이트 '눈누'

상업적으로 이용 가능한 무료 한글 폰트를 모은 사이트로, 각 폰트의 사용 범위가 정리되어 있습니다. 영상 카테고리의 영상물 자막, UCC 사용 범위가 허용된다면 유튜브 영상으로도 사용 가능합니다.

카테고리	사용 범위	허용 여부
인쇄	브로슈어, 포스터, 책, 잡지 및 출판용 인쇄물 등	O
웹사이트	웹페이지, 광고 배너, 메일, E-브로슈어 등	O
영상	영상물 자막, 영화 오프닝/엔딩 크레딧, UCC 등	O
BI/CI	회사명, 브랜드명, 상품명, 로고, 마크, 슬로건, 캐치프레이즈	O
임베딩	웹사이트 및 프로그램 서버 내 폰트 탑재, E-book 제작	O
포장지	판매용 상품의 패키지	O
OFL	폰트 파일의 수정/복제/배포 가능. 단, 폰트 파일의 유료 판매는 금지	O

▶ 구글로 무료 이미지 검색

구글은 만족스러운 검색 결과를 보여줄 뿐만 아니라 무료로 사용 가능한 이미지를 찾을 수 있습니다.

❶ 원하는 키워드를 검색한 다음, 이미지 탭으로 들어갑니다.

❷ 우측의 [도구]를 누르면 여러 가지 검색 옵션이 나타납니다.

❸ 거기서 [사용권한] 카테고리를 누르면 [크리에이티브 커먼즈 라이선스] 옵션이 나타납니다.

❹ 이렇게 검색한 이미지는 무료로 사용할 수 있지만 크레딧이 필요합니다.

※ **상업 및 기타 라이선스** : 크리에이티브 커먼즈 라이선스 이외의 라이선스를 보유하며 무료 사이트 또는 결제가 필요한 상업 사이트에서 제공되는 이미지입니다.

▶ 무료 이미지 및 영상 제공 사이트 '픽사베이(pixabay)'

픽사베이에 올라와 있는 모든 이미지와 영상은 상업적 용도로 사용 가능합니다. 주로 풍경, 인물, 자연 그리고 동물과 같은 감성적인 자료를 얻을 수 있습니다.

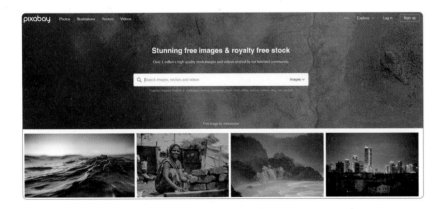

위 사이트들을 활용해서 게임 콘텐츠 혹은 다른 콘텐츠를 만들 때 적절한 이미지를 추가해보세요. 훨씬 재미있는 영상이 완성될 겁니다!

다음 내용을 확인하고 나에게 해당하는 것에 ✔표로 체크해 봅니다.

04 재미로 알아보는 저작권 보호지수

내용	체크
인터넷에서 마음에 드는 글이나 사진을 마음대로 퍼서 내 블로그에 올렸다.	☐
인터넷에서 검색한 뉴스 기사를 복사하여 나의 홈페이지에 올렸다.	☐
공유 사이트를 이용하여 MP3 음악 파일을 공짜로 업로드하거나 다운로드한다.	☐
인터넷에 올려져 있는 리포트나 작문을 베껴서 과제를 해결한 적이 있다.	☐
다른 사이트에 있는 사진이나 글이 내 홈페이지에 있는 저작물처럼 보이도록 링크를 걸었다.	☐
좋아하는 가수의 노래 가사를 팬클럽 사이트에 올렸다.	☐
다른 사람이 만든 이미지나 사진을 편집해 출처 표기 없이 올린 적이 있다.	☐
만화책에서 좋아하는 장면을 스캔해서 홈페이지에 올렸다.	☐
학교 시험 문제를 정답과 함께 학교 홈페이지에 올렸다.	☐
드라마와 영화 장면을 캡처해서 내 홈페이지에 올렸다.	☐
합계	___개

여러분은 어디에 해당하나요?

◆ 하나도 해당되지 않아요 : 저작권 지킴이　　　◆ 1~3개 해당 : 저작권 도우미

◆ 4~7개 해당 : 저작권 무심이　　　　　　　　◆ 8~10개 해당 : 저작권 외면이

찾아보기

나만의 유튜브 영상, 스마트폰 하나면 충분해!

스마트폰으로 시작하는
유튜브 크리에이터

1판 1쇄 발행 2024년 9월 4일

저   자 | 에이럭스 교육연구소(김정훈, 이준호, 유선희)
발 행 인 | 김길수
발 행 처 | (주)영진닷컴
주   소 | (우)08512 서울특별시 금천구 디지털로 9길 32
　　　　　 갑을그레이트밸리 B동 1001호
등   록 | 2007. 4. 27. 제 16-4189호

©2024. (주)영진닷컴

ISBN | 978-89-314-7768-9

YoungJin.com **Y.**
영진닷컴